<그리스도인이면 꼭 알아야 할 성경 지식>

창세기에 나타난 모형들과 원형들 I

서울솔로몬학교 성경연수원

차 례

제 1 과 왜 여자는 갈비뼈로 만들어졌는가? / 5

제 2 과 카인의 종교와 아벨의 종교 / 17

제 3 과 무지개와 함께 주신 약속 / 29

제 4 과 아브라함의 십일조를 받은 멜키세덱 / 39

제 5 과 아버지께 순종하여 번제물로 드려진 이삭 / 49

이 책에 인용된 성경 구절은 〈한글킹제임스성경〉입니다.

제1과
왜 여자는 갈비뼈로 만들어졌는가?

『**주** 하나님께서 아담을 깊은 잠에 빠지게 하시니 그가 잠드니라. 하나님께서 그의 갈비뼈 중에서 하나를 취하시고 살로 대신 거기를 채우시더라』(창 2:21).

모형과 원형

"모형"이란 "구약성경의 페이지들에 던져진 그림자로, 그것이 완전히 구체화된 것, 즉 '원형'이 신약성경의 계시를 통해 발견되는 것"을 말한다. 이 구약의 모형들을 정의해 주는 신약의 구절들은 다음과 같다.

『그러므로 음식으로나 마시는 것으로나 거룩한 날이나 새 달이나 안식일들에 관해서는 아무도 너희를 판단하지 못하게 하라. 이런 것들은 다가올 것들의 그림자이나 몸은 그리스도의 것이니라』(골 2:16,17).

『그러나 아담으로부터 모세까지 아담의 범죄와 같은 죄를 짓지 아니한 자들 위에도 사망이 군림하였으니 아담은 오실 분의 모형이라』(롬 5:14).

『성령께서 이것을 통해 보여 주시는 것은 첫째 성막이 서 있는 동안에도 지성소로 들어가는 길이 아직 나타나지 않았다는 것이라. 그것은 현재를 위한 모형이었으니, 그에 따라 예물들과 희생제물들을 드려도 양심에 관해서는 섬긴 자를 온전케 할 수 없었도다』(히 9:8,9).

『물은 예수 그리스도의 부활하심으로 인하여 이제 우리를 구원하는 모형이니, 곧 침례라. (이것은 육체의 더러움을 제거하는 것이 아니라 하나님을 향한 선한 양심의 응답이라.)』(벧전 3:21).

말하자면 모형을 통해 성경의 "기초 진리들"이 분명하게 설명되는 것이다. **속죄, 대속, 피의 가치와 같은 교리들이 성경 어디에서보다도 모형들을 통해 더 분명하게 가르쳐진다.** 모형들만큼 피의 속죄와 관련된 기초 진리들을 잘 설명해 주는 것이 없다. "성경의 영감성"에 대한 우리의 믿음은 "**모형**"을 학습함으로써 강

화될 수 있으며, 모형론은 이 일에 결코 실패하는 법이 없다. 모형론을 공부하면 구약성경에서 놀라운 "예언적 그림들"을 보게 된다.

히브리서 기자는 **『율법에는 다가올 선한 것들의 그림자는 있으나, 그것들의 형상 자체는 없으므로』**(히 10:1)라고 설명하고 있다. 다시 말해 **구약의 모형들은 "그림자"에 불과하며, 그림자는 빛을 받아 그것을 드리우는 실체가 없이는 결코 존재할 수가 없다. 그림자는 실체의 불완전한 모습이기 때문에, 구약의 모형들은 원형이 아니라 그 원형의 단면들을 보여 주는 "그림자"에 지나지 않는다**.

모형은 인물로 나타나기도 하고, 사건이나 의식들로 나타나기도 하는데, 그것은 미래에 나타날 인물이나 사건, 의식을 미리 보여 주고 있는 것이다. 예를 들면 다음과 같다.

1. 모형적 인물 : 아담, 카인, 아벨, 멜키세덱, 아브라함, 이삭, 요셉, 모세, 여호수아, 다윗, 요나
2. 모형적 사건 : 노아의 홍수, 이집트의 재앙, 유월절, 놋뱀, 요단 강을 건넘, 도피성읍
3. 모형적 의식 : 희생제물을 드리는 일, 문둥병자를 깨끗케 하는 의식, 일곱 명절, 환희의 해, 대속죄일
4. 모형적 건축물 : 노아의 방주, 성막, 성전
5. 모형적 기구 : 번제단, 놋대야, 금촛대, 빵을 차려 놓은 상, 향단, 언약궤
6. 모형적 색깔 : 청색, 홍색, 백색, 자주색, 주황색
7. 모형적 숫자 : 1, 2, 3, 4, 5, 6, 7, 8, 9, 10, 11, 12, 13, 40, 1000

■ 새롭게 깨달았거나 적용할 내용이 있다면 적어 보세요. ■

모형에 관한 예수 그리스도의 가르침

『그때 주께서 그들에게 말씀하시기를 “오 어리석은 자들아, 선지자들이 말한 모든 것을 마음에 더디 믿는 자들아, 그리스도가 이러한 고난을 당하고서 그의 영광에 들어가는 것이 당연하지 않느냐?”고 하시며 모세와 모든 선지자들로부터 시작하여 자신에 관하여 모든 성경에 있는 것들을 그들에게 설명하시더라』(눅 24:25-27).

주 예수 그리스도께서는 모형들을 중요하게 생각하셨다. 위의 말씀에서 주님은 엠마오로 가는 두 제자들에게 “**모형**”과 관련된 성경 읽기법을 가르치셨음이 틀림없다. **특히 모세오경과 관련해서는 모형들로 설명하실 수밖에 없으셨는데, 왜냐하면 “여자의 씨”(창 3:15)나 “실로”(창 49:10), “목자, 곧 이스라엘의 돌”(창 49:24), “모세와 같은 선지자”(신 18:15,18)와 같은 직접적인 예언들을 제외하고는 모세오경에서 주님에 관해 설명할 부분은 아담과 이브의 관계나 요셉의 인생, 성막의 제사 제도 등에서 보이는 “모형들”밖에 없기 때문이다**.

예수 그리스도께서 『**모세와 모든 선지자들로부터 시작하여 자신에 관하여 모든 성경에 있는 것들을 그들에게 설명하**』신 것은 “근래에 예루살렘에서 일어났던 일”에 관한 것이었다(눅 24:18). 그 사건들은 구약성경에 이미 그 그림자가 드리워져 있었지만, 그들은 『**모세의 율법과 선지서들과 시편에**』 “주님에 관하여 기록된 모든 것”이 “어떻게 이루어져야 하는가”를 주님께서 보여 주시기 전까지는(눅 24:44,45) 그 익숙했던 구약 구절들을 깨달을 수 없었다. 왜냐하면 원형의 그림자에 불과한 “모형들”이었기 때문이다. **구약성경에 제시된 모형들을 무시하면 모세의 율법에 예수 그리스도에 관하여 얼마나 많은 내용들이 담겨 있는가를 볼 수 없는 것이다**.

예수 그리스도께서 주님에 관한 구약 성경의 내용을 『**성경을 열어 보여 주실 때**』 두 제자는 마음이 뜨거워졌다(눅 24:32). 이러한 심적 경험은 우리 또한 모형들을 통해 주님의 진리를 깨닫게 될 때에 유사하게 또는 동일하게 맛볼 수 있다.

예수 그리스도께서는 또한 요나가 주님 자신을 예표한다고 말씀하셨다. 『**요나가 사흘 낮과 사흘 밤을 고래 뱃속에 있었듯이, 인자도 그처럼 사흘 낮과 사흘 밤을 땅의 심장 속에 있을 것이라**』(마 12:40). 말하자면 성경의 주인공이신 주 예수 그리스도께서 "모형"을 주님 자신에 관한 진리로 인정하신 것이다.

또한 예수 그리스도께서는 마태복음 13:1-52의 "천국" 비유에 관한 말씀을 다음과 같이 요약하셨다. 『**그때 주께서 그들에게 말씀하시기를 "그러므로 천국에 관한 교훈을 받은 모든 서기관들은 마치 자기 보물창고에서 새 것들과 옛 것들을 꺼내 오는 집주인과 같으니라."고 하시더라**』(마 13:52). 여기서 "옛 것들"은 구약을 가리키고, "새 것들"은 신약을 가리킨다. **"옛 것들"은 구약성경에 나오는 모형들이 포함되며, "새 것들"은 신약성경에서 계시되는 원형들이 포함된다**. 신약은 구약 안에 "감추어져 있고" 구약은 신약 안에서 "나타나는" 것이다. 말하자면 히브리서가 없이는 레위기를 이해할 길이 없고, 요한계시록이 없이는 다니엘서를, 십자가에 못박힌 사실을 설명하고 있는 복음서 없이는 유월절 또는 이사야 53장을 이해할 길이 없다. "모형"과 "원형"을 대조해 가며 성경을 자세히 살펴보고 나면 성경을 기록한 분은 오직 한 분 성령님이심을 알게 된다. 어떤 설교자나 성경 교사가 성령님의 조명을 받아서 구약의 모형으로 신약의 원형을 설명하지 못한다면 그는 성경을 가르칠 자격이 전혀 없는 사람이다.

■ 새롭게 깨달았거나 적용할 내용이 있다면 적어 보세요. ■

구약 성경은 "예수 그리스도"에 관한 계시다!

『성경을 상고하라. 이는 너희가 성경에 영생이 있다고 생각함이니, 그 성경은 나에 관하여 증거하고 있음이라』(요 5:39).

주님께서는 지상에 계실 때 유대인들에게 모형들에 관해 말씀하셨다. **『너희가 모세를 믿었다면 나를 믿었으리니 이는 그가 나에 관하여 기록하였기 때문이라』**(요 5:46). 메시아의 오심이 문자적으로 예언된 신명기 18:15-19과 같은 구절들을 제외한다면, 주님의 인격과 사역은 모세가 주님에 관해 기록한 모형들 속에 있어야만 하며, 그 모형들은 모두 "주님에 관한 기록"이어야 한다. 성경은 그 점에 관해 다음과 같이 말씀한다.

『이는 아담 안에서 모든 사람이 죽은 것같이[모형] **그리스도 안에서 모든 사람을 살게 하려 함이라**[원형]』(고전 15:22).

『그러나 노아의 날들과 같이[모형] **인자의 오는 것도 그러하리라**[원형]』(마 24:37).

『모세가 광야에서 뱀을 들어올린 것같이[모형] **인자도 그렇게 들려올려져야만 하리니**[원형]』(요 3:14).

『요나가 사흘 낮과 사흘 밤을 고래 뱃속에 있었듯이[모형], **인자도 그처럼 사흘 낮과 사흘 밤을 땅의 심장 속에 있을 것이라**[원형]』(마 12:40).

구약성경은 예수 그리스도에 관한 계시이기 때문에 우리는 성경의 모든 페이지들에서 주님을 찾아야 하는데, 성경은 구약의 첫 번째 책인 "창세기"부터 주님에 관한 다양한 모형들을 담고 있다. 대부분의 사람들은 창세기를 창조의 기록과 인류의 초기 역사와 관련해서만 보려는 경향이 있다. 그러나 창세기가 기록된 첫 번째 목적은 예수 그리스도께서 어떤 분이신가를 우리에게 소개하는 데 있다.

1. 『**태초에 하나님께서 하늘과 땅을 창조하시니라**』(창 1:1). 이 말씀은 신약의 계시를 통해서 볼 때 예수 그리스도께서 바로 그 창조주 하나님이심을 보여 준다. 『**태초에 말씀이 계셨고, 그 말씀이 하나님과 함께 계셨으니, 그 말씀은 하나님이셨느니라. 그 말씀이 태초에 하나님과 함께 계셨느니라. 만물은 그에 의하여 지은 바 되었으며, 이미 지음받은 것 가운데 그가 없이 지어진 것은 아무것도 없더라**』(요 1:1-3). 『**태초부터 계셨고, 우리가 들었으며, 우리 눈으로 보았고, 주목하여 살폈으며, 우리 손으로 직접 만졌던 생명의 말씀에 관해서라**』(요일 1:1). 창세기 1,2장에 기록된 하나님의 모든 창조 사역은 창조주이신 예수 그리스도께서 하신 일이다. 『**그는 보이지 않는 하나님의 형상이시며 모든 피조물의 첫태생이시니 이는 만물이 그에 의하여 창조되되 하늘에 있는 것들과 땅에 있는 것들과 보이는 것들과 보이지 않는 것들과 보좌들이나 주권들이나 정사들이나 권세들이나 만물이 그에 의하여 또 그를 위하여 창조되었기 때문이라. 그는 만물 이전에 계시고 또 만물은 그로 말미암아 존속하느니라**』(골 1:15-17).

2. 『**하나님께서 말씀하시기를 "빛이 있으라." 하시니, 빛이 있더라**』(창 1:3). 이 말씀은 신약의 계시를 통해서 볼 때 예수 그리스도께서 세상의 어둠을 밝히시는 빛이심을 보여 준다. 『**그분 안에 생명이 있었으니 그 생명은 사람들의 빛이라**』(요 1:4). 『**세상으로 들어오는 모든 사람에게 비치는 참 빛이 있었으니**』(요 1:9). 『**내가 세상에 있는 동안 나는 세상의 빛이라**』(요 9:5). 『**나는 세상의 빛이라. 나를 따라오는 사람은 결코 어두움 속에 다니지 아니하고 생명의 빛을 얻으리라**』(요 8:12). 『**나는 빛으로 세상에 왔나니, 누구든지 나를 믿는 사람은 어두움에 거하지 않게 하려 함이라**』(요 12:46). 『**이는 어두움 속에서 빛이 비치라고 명령하신 하나님께서 예수 그리스도의 얼굴에 있는 하나님의 영광을 아는 빛을 주시기 위하여 우리 마음에 비추셨기 때문이라**』(고후 4:6). [고린도후서의 이 말

씀은 "창세기 1:3"로 거슬러 올라간다. 이 점은 "성경의 역사적 정확성"을 보여 주는데, 만일 창세기의 창조 기사가 사실이 아니라면 사도 바울이 죄인의 "구원"에 관해 말하려 하는 것도 사실이 아니게 된다. 성경은 "역사책"이며, 성경의 저자이신 성령님께서는 믿음의 위대한 영적 진리들을 예증하기 위해 그 "역사적 사실들"을 사용하신다.]

3. 『**주 하나님께서 땅의 흙으로 사람을 지으시고 그의 콧구멍에다 생명의 호흡을 불어넣으시니, 사람이 살아 있는 혼이 되었더라**』(창 2:7). 『**주께서 그들을 남자와 여자로 창조하셨으며, 그들이 창조되던 날에 그들에게 복을 주시며, 그들의 이름을 아담이라 부르셨느니라**』(창 5:2). 하나님께서는 창조 사역의 마지막으로 그분의 형상대로 사람을 창조하셨다. 그 사람을 "아담"이라고 부르셨는데, 아담은 예수 그리스도의 모형이다. 주님께서 성경에서 "**둘째 사람**"(고전 15:47)과 "**마지막 아담**"(고전 15:45)이라고 불리시기 때문이다.

아담의 "갈비뼈"로 지음받은 여자

『**주** 하나님께서 아담을 깊은 잠에 빠지게 하시니 그가 잠드니라. 하나님께서 그의 갈비뼈 중에서 하나를 취하시고 살로 대신 거기를 채우시더라. **주** 하나님께서 남자에게서 취했던 갈비뼈로 여자를 지으셔서 그녀를 그 남자에게로 데려오시니, 아담이 말하기를 "이는 이제 내 뼈들 중의 뼈요, 내 살 중의 살이니, 그녀를 여자라 부르리라. 이는 그녀가 남자에게서 취해졌음이라." 하니라』(창 2:21-23).

아담이 "깊은 잠"(십중팔구 "죽음")에 빠졌을 때 하나님께서는 그의 상처 난 옆구리로부터 여자를 창조하셨다. 아담이 깨어난 후에 한 말은 "갈비뼈"로 지음받은 여자가 무엇의 "모형"인가를 보여 준다.

『주 하나님께서 남자에게서 취했던 갈비뼈로 여자를 지으셔서 그녀를 그 남자에게로 데려오시니, 아담이 말하기를 "이는 이제 내 뼈들 중의 뼈요, 내 살 중의 살이니, 그녀를 여자라 부르리라. 이는 그녀가 남자에게서 취해졌음이라." 하니라. 그러므로 남자가 자기 아버지와 자기 어머니를 떠나서 자기 아내와 결합하리니, 그들이 한 몸이 될 것임이니라』(창 2:22-24).

『이는 우리가 그의 몸과 그의 살과 그의 뼈의 지체임이라. 이런 까닭에 남자가 자기 아버지와 어머니를 떠나 자기 아내와 결합하여 그 둘이서 한 몸이 될지니라. 이것은 위대한 신비라. 그러나 나는 그리스도와 그 교회에 관하여 말하노라』(엡 5:30-32).

이로써 진리는 명백하게 드러난다.

1. "아담"은 "예수 그리스도"의 모형이며, 그의 아내인 "이브"는 예수 그리스도의 죽음으로 태어나게 된 "교회"의 모형이다.

2. "첫 사람 아담"처럼 "마지막 아담"이신 예수 그리스도께서도 신부인 교회를 얻기 위해 죽음의 깊은 잠을 자셔야 했다. "아담의 깊은 잠"은 "예수 그리스도의 죽음"에 관한 성경 최초의 모형이다. 아담의 죽음을 통해 이브가 지음 받았듯이, 예수 그리스도의 죽음을 통해 교회가 탄생하게 되었다.

3. 첫 사람 아담의 옆구리를 "열고" 꺼내신 "갈비뼈"로 이브를 지으셨듯이, 마지막 아담께서 창에 찔려 "열려진," "다섯 번째 갈비뼈"의 옆구리를 통해 교회가 탄생하게 되었다.

4. 예수 그리스도와 예수 그리스도의 몸인 교회의 관계는 아담과 이브와의 관계와 같다.

5. 이브가 "하필" 아담의 "갈비뼈"로 지음받은 이유는 그리스도와 그분의 교회의 관계를 "모형적으로" 보여 주시려는 데 그 목적이 있었다.

제1과
복습문제

1. (   )이란 "구약성경의 페이지들에 던져진 그림자로, 그것이 완전히 구체화된 것, 즉 '원형'이 신약성경의 계시를 통해 발견되는 것"을 말한다.

2. 성경은 (   )부터 예수 그리스도에 관한 다양한 모형들을 담고 있다.

3. 구약성경은 (   )에 관한 계시다

4. "아담"은 (   )의 모형이며, 그의 아내인 이브는 "이브"는 예수 그리스도의 죽음으로 태어나게 된 "교회"의 모형이다.

5. 첫 사람 아담의 옆구리를 "열고" 꺼내신 "갈비뼈"로 이브를 지으셨듯이, 마지막 아담께서 창에 찔려 "열려진" "(   ) 갈비뼈"의 옆구리를 통해 교회가 탄생하게 되었다.

6. 이브가 "하필" 아담의 "갈비뼈"로 지음받은 이유는 그리스도와 그분의 교회의 관계를 "(   )적으로" 보여 주시려는 데 그 목적이 있었다.

■ 새롭게 깨달았거나 적용할 내용이 있다면 적어 보세요. ■

NOTES

NOTES

제2과

카인의 종교와 아벨의 종교

『시간이 흐른 후에 카인은 땅에서 나는 열매를 가져와서 **주**께 제물로 드렸고, 아벨도 자기 양떼 가운데서 첫배 새끼들과 그 살진 것을 가져왔더니, **주**께서 아벨과 그의 제물은 받으셨으나, 카인과 그의 제물은 받지 아니하셨더라』(창 4:3-5).

"카인"과 "아벨"이 보여 주는 종교적 모형

『시간이 흐른 후에 카인은 땅에서 나는 열매를 가져와서 **주**께 제물로 드렸고, 아벨도 자기 양떼 가운데서 첫배 새끼들과 그 살진 것을 가져왔더니, **주**께서 아벨과 그의 제물은 받으셨으나, 카인과 그의 제물은 받지 아니하셨더라. 그러므로 카인이 몹시 격노하고 안색이 변하더라』(창 4:3-5).

최초의 인류가 범죄한 후 하나님께서 구원과 관련하여 보여 주신 교훈은 구원은 전적으로 하나님께 속하였다는 것이었다. 아담과 이브는 무화과나무 잎으로 만든 치마로 자신들을 가리는 행위를 시도했으나, 하나님께서는 그 치마를 제거하시고 양을 잡아 죽이신 뒤 "**양의 가죽 옷**"으로 입혀 주셨다. 『**또 주 하나님께서는 아담과 그 아내에게 가죽으로 옷들을 만들어 그들에게 입히시니라**』(창 3:21). 이것이 성경에서 만나는 "**최초의 구원**"이며, 문자 그대로 "**은혜로 말미암은 구원**"이었다. 창세기에는 그에 버금가는 사건이 그 뒤 또 다시 일어나는데, 바로 "**카인과 아벨의 종교적 희생제사**"다. 카인은 자기 자신의 수고의 열매를 가져왔다가 거절되었고, 아벨은 양떼의 첫배 새끼를 바치는 희생제사로 하나님께 받아들여졌다.

카인과 아벨의 희생제사 사건 뒤로 인류 역사에는 오직 "두 종류의 종교"가 등장했다. 즉 "행위의 종교"와 "은혜의 종교"가 그것이다. "행위의 종교"는 "무화과나무 잎의 종교"이고 "카인의 종교"이다. 반면 "은혜의 종교"는 "양의 가죽 옷 종교"이고 "아벨의 종교"이다.

아벨의 제물은 예수 그리스도를 믿는 자들이 하나님께 받아들여진 것처럼 열납되었다. 『**하나님께서 세상의 기초를 놓으시기 이전에 우리로 사랑 안에서**

그분 앞에 거룩하고 흠 없게 하시려고 그리스도 안에서 우리를 택하시어 하나님의 기쁘신 뜻에 따라 예수 그리스도를 통하여 우리를 자신의 자녀로 입양할 것을 예정하셨으니 이는 하나님께서 그 사랑하시는 이 안에서 우리를 받아들이신 그의 은혜의 영광을 찬양케 하려 하심이니라』(엡 1:4-6). 아벨은 자신의 죄들에 대해 "어린양의 피"를 바쳤다. 이 피 흘린 어린양은 장차 자신의 피로 인류의 죄를 대속하기 위해 오실 "하나님의 어린양"의 예표가 된다. 『그 다음 날 요한이 예수께서 자기에게 오시는 것을 보고 말하기를 "보라, 세상 죄를 제거하는 하나님의 어린양이라』(요 1:29). 『그 안에서 우리가 그의 보혈을 통하여 구속, 곧 죄들의 용서함을 받았느니라』(골 1:14). 『그러므로 너희 자신을 조심하고 모든 양떼에게도 그리하라. 이들을 위하여 성령께서는 너희를 감독자들로 세우셨으며 하나님께서 자신의 피로 사신 하나님의 교회를 돌보게 하셨느니라』(행 20:28). 『신실한 증인이시며 죽은 자들 가운데서 첫째로 나시고, 땅의 왕들의 통치자이신 예수 그리스도로부터 은혜와 평강이 너희에게 있을지어다. 우리를 사랑하시어 자신의 피로 우리의 죄들에서 우리를 씻기시고』(계 1:5).

카인의 제물은 아벨의 것과 달리 거부되었다. 카인은 아벨의 제물이 받아들여지는 것을 보았으므로 어떻게 하면 하나님께 받아들여지는가를 알고 있었다. 그럼에도 자기 손으로 애쓴 수고의 열매를 고집하면서 동생을 시기하여 죽이고 말았다.

왜 "피의 종교"가 필요한가?

『이는 육체의 생명이 피에 있음이라. 내가 그것을 너희에게 주어, 제단 위에서 너희 혼들을 속죄케 하였나니, 이는 혼을 속죄케 하는 것이 피이기 때문이라』(레 17:11).

육체의 생명은 피에 있기 때문에(레 17:11) 생명은 생명으로 대속해야 한다. 하나님께서는 피 없이 드려지는 제물을 무가치하게 보신다. 인간이 만들어 낸 피 없는 종교는 죽은 종교이다. 인간은 피의 제사를 모방하려고 인신제사를 드리도 하지만(렘 19:5), 죄인의 피로는 누구의 죗값도 지불할 수가 없다(왕상 18:28). 그런 희생은 그야말로 무가치한 죽음일 뿐이다. 이와 같은 인간이 만들어낸 모든 주요 종교는 "**카인의 종교**"이다. 그들은 스스로를 하나님 앞에서 의롭게 보이기 위해 무언가를 행하려고 하는데, 얼마나 오랫동안 그 행위를 해야 하고, 얼마만큼의 행위를 해야 하고만 차이가 있을 뿐 "선행"을 통해 구원을 받고자 하는 기본 원리는 똑같다. "**회개하고, 믿고, 고백하고, 침례를 받으라**"(그리스도의 교회). "**성체성사에 참여하고, 고해성사를 하고, 미사에 가라**"(로마카톨릭). "**황금률과 십계명을 지키라**"(배교한 기독교계). "**명상하고, 선을 행하고, 업보를 없애라**"(불교). "**술을 금하고 하루에 세 번씩 알라에게 기도하라**"(이슬람교). 이와 같은 "카인의 종교들"은 구원을 은혜로 값없이 주시는 하나님의 손길을 거부하고 다음과 같은 하나님의 말씀을 거짓말로 만들어 버리는 것이다. 『**너희가 믿음으로 말미암아 은혜로 구원을 받았으니 이것은 너희에게서 난 것이 아니요, 하나님의 선물이라. 행위에서 난 것이 아니니 아무도 자랑하지 못하게 하려 하심이라**』(엡 2:8,9). 『**행함이 없어도 불경건한 자를 의롭다 하시는 그분을 믿는 사람에게는 그의 믿음이 의로 여겨지느니라**』(롬 4:5). 『**우리가 행한 의로운 행위에 의하지 않고 그의 자비하심에 따라 중생의 씻음과 성령의 새롭게 하심으로 우리를 구원하셨으니**』(딛 3:5). 『**우리는 주 예수 그리스도의 은혜로 구원받는 것을 믿으며 그들도 마찬가지니라**』(행 15:11).

인간은 "행하라. 하라. 애쓰라. 최선의 것을 바라라."고 말하지만, 하나님께서는 "다 이루었다. 완성되었도다. 내가 다 이루었도다."라고 말씀하신다. 『**그때 예수께서 그 식초를 받으시고 말씀하시기를 "다 이루었다."고 하시더니 고개를 떨구시고 숨을 거두시더라**』(요 19:30). 『**위에 말씀하시기를 희생제물과 예물과**

번제들과 속죄제는 바라지도 아니하시고 기뻐하지도 아니하신다고 하셨으니 이것들은 율법에 따라 드려진 것이라. 그때에 말씀하시기를 "오 하나님이여, 보소서, 주의 뜻을 행하려고 내가 왔나이다." 하셨으니 첫 번째 것을 폐하심은 두 번째 것을 세우려 하심이라. 그 뜻에 따라 한 번 예수 그리스도의 몸을 드리심으로 우리가 거룩하게 된 것이라. 제사장마다 매일 서서 섬기며, 똑같은 제사를 자주 드리지만 이것으로써는 결코 죄들을 제거할 수 없으나 이분은 한 번의 속죄제를 영원히 드린 후 하나님의 오른편에 앉으셔서 그후로는 그의 원수들을 자기 발판으로 삼으실 때까지 기다리시느니라. 이는 그가 한 번의 제사로써 거룩하게 된 자들을 영원히 온전케 하셨기 때문이라』(히 10:8-14). 따라서 모든 인간은 더러운 걸레 같은(사 64:6) 자신의 의를 신뢰하든지 하나님께서 거저 주시는 그분의 의를 신뢰하든지 둘 중 하나를 택해야 하는데, 대부분 전자를 택하고 만다. **『형제들아, 내 마음의 소원과 이스라엘을 위해 하나님께 드리는 기도는 그들이 구원받게 되는 것이라. 내가 그들에 대해 증거하노니 그들에게는 하나님께 대한 열성은 있으나 지식을 따라 된 것은 아니니라. 이는 그들이 하나님의 의를 모르고 자기들의 의를 세우려 함으로써 그들 스스로 하나님의 의에 복종치 아니하였음이니라』**(롬 10:1-3).

교회 안으로 들어온 "카인의 종교"

『그러므로 그리스도께서 우리를 자유케 하신 그 자유 안에 굳게 서서 다시는 종의 멍에를 메지 말라. 보라, 나 바울이 너희에게 말하노니 만일 너희가 할례를 받으면 그리스도께서 너희에게 아무 유익이 되지 못하리라. 내가 할례받은 모든 사람에게 다시 증거하노니 그는 온

율법을 행할 의무가 있는 자라. 율법으로 의롭게 된 너희는 누구든지 그리스도가 무용하게 되고 은혜로부터는 떨어져 나갔느니라. 이는 우리가 성령을 통하여 믿음으로 말미암아 의의 소망을 기다림이라. 예수 그리스도 안에서는 할례나 무할례가 쓸모없고 오직 사랑으로 역사하는 믿음뿐이니라. 너희가 잘 달려가고 있더니 누가 너희를 진리에 순종하지 못하도록 막더냐? 이러한 권면은 너희를 부르시는 이에게서 나온 것이 아니니라. 적은 누룩이 온 반죽을 부풀게 하느니라』(갈 5:1-9).

사도 바울은 이방인 성도들에게 그들이 구원을 받으려면 무엇을 해야 한다든가, 구원을 받은 후 구원을 유지하기 위해 무엇을 해야 한다고 말한 적이 없다. 『**우리가 행한 의로운 행위에 의하지 않고 그의 자비하심에 따라 중생의 씻음과 성령의 새롭게 하심으로 우리를 구원하셨으니**』(딛 3:5). 『**행함이 없어도 불경건한 자를 의롭다 하시는 그분을 믿는 사람에게는 그의 믿음이 의로 여겨지느니라**』(롬 4:5). 『**너희가 믿음으로 말미암아 은혜로 구원을 받았으니 이것은 너희에게서 난 것이 아니요, 하나님의 선물이라. 행위에서 난 것이 아니니 아무도 자랑하지 못하게 하려 하심이라**』(엡 2:8,9). 사실이 이와 같은데 갈라디아의 교회들에는 "**할례를 받아야 구원을 받는다**"는 행위 구원의 교리가 퍼져 있었다. 구원을 위해서 **믿음에 "할례의 행위"를 더해야 한다**는 주장은 사도행전에서도 발견된다. 『**예루살렘에 도착하여 교회와 사도들과 장로들의 영접을 받고 하나님께서 그들과 함께 행하신 모든 일을 설명하니라. 그러나 바리새파에서 믿는 몇 사람이 일어나서 말하기를 "그들에게 할례를 주는 것이 필요하니 모세의 율법을 지키도록 권고하라."고 하더라. 그때에 사도들과 장로들이 이 문제를 논의하려고 함께 모였는데 많은 논의가 있은 후에 베드로가 일어나서 그들에게 말하기를 "형제 여러분, 당신들이 아는 대로 하나님께서 오래전부터 우**

리 가운데 택하시어 나의 입을 통하여 이방인들이 복음의 말씀을 듣고 믿게 하셨느니라』(행 15:4-7).

"복음"이란 『**성경대로 그리스도께서 우리의 죄들로 인하여 죽으시고 장사되셨다가 성경대로 셋째 날에 다시 살아나**』셨다는(고전 15:3,4) "기쁜 소식"이다. **유대인이든지 이방인이든지 주 예수 그리스도의 은혜로 구원받는다는 것이 복음인 것이다(행 15:11)**. 현 교회 시대는 인간의 행위와 구원이 아무런 관계가 없다. 인간의 행위는 결코 구원에 영향을 주지 않는다. **구원받은 성도의 행위는 그가 장차 누리게 될 상과 유업에 관련이 있을 뿐이다**. 그럼에도 교회에 다니는 무수한 사람들이 구원을 위해서 행위의 필요성을 가지고 있어 심각한 문제이다.

인간의 육신은 일단의 행위를 하고 나면 만족하려는 성향이 있다. 육신은 스스로 자기 의를 이룩해서 자기가 의롭게 되었음을 자랑하려 하는 것이다. **그러나 하나님께서 기뻐하시는 것은 기록된 말씀에 대한 믿음이지 인간의 행위가 아니다.** 『**그러나 믿음이 없이는 하나님을 기쁘시게 할 수 없나니, 하나님께 나아가는 자는 그분이 존재하시는 것과 그분이 자기를 열심히 찾는 자들에게 보상하는 분이심을 마땅히 믿어야 하느니라**』(히 11:6). 그리스도인은 예수 그리스도께서 이룩해 놓으신 일 안에서 쉬는 사람이지 자신의 구원을 위해 여전히 무엇인가를 하는 사람이 아니다. 그 행위가 무엇이든지 간에 행위로 의롭게 되려는 사람은 하나님의 은혜를 저버린 것이다.

예수님께서 죽으신 것은 죄에 대해 죽으신 것이다. 죄의 삯은 사망이기에 죄 문제를 해결하기 위해서는 죽음이 불가피하셨다. **예수 그리스도께서는 이 세상에서 죄 문제를 해결할 수 있는 유일한 자격자이셨다. 요셉의 씨가 아닌 성령님을 통해 동정녀 마리아에게 잉태되시어 태어나신, 죄 없으신 하나님의 아들이시기 때문이다**. 죄인이 자신이 죄인임을 시인하고 그의 죄를 대신해서 죽으신 예수 그리스도를 믿고 자신의 구주로 영접하면 하나님의 자녀로 다시 태어나 그의 구원이 완성된다. 『**그러나 누구든지 그를 영접한 사람들에게는 하나님의 아들들이 되는 권세를 주셨으니, 즉 그의 이름을 믿는 사람들에게니라. 그들은 혈로나 육신의 뜻으로나 또한 사람의 뜻으로 나지 아니하였고 하나님에게서 난 사람들이라**』(요 1:12,13).

교회에 다니면서 예수 그리스도를 믿는 것으로 부족하여 십계명과 산상설교를 지키고, 불쌍한 사람들을 구제하고, 병든 사람을 치료해 주고, 가게 문 닫고 주일성수를 한다고 해서 구원을 받아 영원한 생명을 얻는 것이 아니다. 이와 같은 "**종교적 열성**"만을 가진 사람은 사람들을 교회로 데려가는 데는 열성을 가지지만 구령을 할 줄은 모른다. 종교적인 열성만 있는 사람들은 대부분 구령을 어떻게 하는지도 모른다. 그들은 눈에 보이는 것만을 찾아 믿으려 하는데, 그렇기에 은사주의 집회나 축복기도원, 신유집회 같은 것에만 흥미를 갖는다. 그러한 것들이 바로 교회 안으로 들어온 "**카인의 종교**"인 것이다! 『**그러므로 너희 자신을 조심하고 모든 양떼에게도 그리하라. 이들을 위하여 성령께서는 너희를 감독자들로 세우셨으며 하나님께서 자신의 피로 사신 하나님의 교회를 돌보게 하셨느니라. 또 내가 이것을 아노니, 내가 떠난 후에 흉악한 이리들이 너희 가운데로 들어와서 양떼를 아끼지 아니할 것이며 또한 너희 가운데서도 사람들이 일어나서 왜곡된 것을 말하여 제자들을 끌어내어 자기들을 좇게 할 것이라. 그러므로 깨어 있어 내가 삼 년 동안 밤낮으로 각 사람에게 쉬지 않고 눈물로 훈계하던 일을 기억하라**』(행 20:28-31). 『**내가 자주 너희에게 말하였고 지금도 눈물로 말하지만 많은 사람이 그리스도의 십자가의 원수들로 행하고 있느니라. 그들의 종말은 파멸이며 그들의 하나님은 자기들의 배요, 그들의 영광은 자기들의 수치 속에 들어 있고 그들은 땅의 것들을 생각하느니라**』(빌 3:18,19). 『**그러나 형제들아, 만일 내가 지금껏 할례를 전한다면 어찌하여 아직도 박해를 받겠느냐? 그랬더라면 십자가의 거침이 그쳤으리라**』(갈 5:11).

인류 역사는 "카인의 종교"가 "아벨의 종교"를 박해해 온 역사이다. 행위 구원론자들의 갖은 방해와 위협 속에서도 복음의 말씀을 받아들여서 구원을 받은 것이 지난 2,000년 동안의 신약 교회사에서 찍힌 피 흘린 발자취인 것이다. **『또 너희가 성령의 기쁨으로 많은 환난 가운데서 그 말씀을 받아들여 우리와 주를 따르는 자들이 되었으므로 마케도니아와 아카야에서 믿는 모든 자들에게 본이 되었느니라』**(살전 1:6,7).

<u>교회 시대에는 예수 그리스도께서 우리를 위해 완성해 놓으신 그 일을 믿음으로써 구원을 받는다</u>. 이 시대에는 모든 죄인이 믿음을 통해 은혜로 구원을 받으며 하나님의 은혜로 그 구원이 유지되는데, 이것이 바로 "<u>하나님의 은혜의 복음</u>"이다(행 20:24). 믿음으로 구원을 받으면 진리를 알게 되고, 진리를 알게 되면 그 진리가 당신을 자유롭게 한다(요 8:32). 우리의 구원을 위해서 우리가 해야 할 일은 아무것도 없다. 다만 주님의 말씀대로 그분께서 십자가에서 다 이루어 놓으신 일을 믿는 것 외에는 아무것도 할 일이 없다. 믿음으로 구원받은 성도는 "카인의 종교"가 없이도 그리스도 안에서 영원히 안전하며, 현재 그 영원한 생명을 소유하고 있는 것이다. **『하나님의 아들을 믿는 자는 자기 안에 그 증거가 있고, 하나님을 믿지 아니하는 자는 하나님을 거짓말쟁이로 만드나니 이는 하나님께서 그 아들에 관하여 주신 증거를 믿지 아니하기 때문이라. 또 증거는 이것이니, 하나님께서 우리에게 영생을 주신 것과, 이 생명이 그의 아들 안에 있다는 것이라. 그 아들이 있는 자는 생명이 있고 하나님의 아들이 없는 자는 생명이 없느니라. 내가 하나님의 아들의 이름을 믿는 너희에게 이런 것들을 씀은 너희에게 영생이 있음을 알게 하려 함이며, 또한 너희가 하나님의 아들의 이름을 믿도록 하려 함이라... 또 우리가 아는 것은 하나님의 아들이 오셔서 우리에게 지각을 주셨다는 것이니, 이는 우리로 참되신 그분을 알게 하려는 것이라. 우리는 참되신 그분, 곧 그분의 아들 예수 그리스도 안에 있노라. 이분은 참 하나님이시며 영원한 생명이시니라』**(요일 5:10-13,20).

제2과
복습문제

1. 최초의 인류가 범죄한 후 하나님께서 구원과 관련하여 보여 주신 첫 번째 교훈은 아담과 이브에게 입혀 주신 (   )이다.

2. 카인의 종교는 (   )의 종교이고, 아벨의 종교는 (   )의 종교이다.

3. "피의 종교"가 필요한 이유는 육체의 (   )이 피에 있기 때문이다.

4. 유대인이든지 이방인이든지 주 예수 그리스도의 (   )로 구원받는다는 것이 복음이다(행 15:11).

5. 교회에 다니면서 예수 그리스도를 믿는 것으로 부족하여 십계명과 산상설교를 지키고, 불쌍한 사람들을 구제하고, 병든 사람을 치료해 주고, 가게 문 닫고 주일성수를 하는 것은 교회 안으로 들어온 (   )이다.

■ 새롭게 깨달았거나 적용할 내용이 있다면 적어 보세요. ■

KJBC

킹제임스성경신학교는 피터 럭크만 박사가 미국 플로리다주 펜사콜라시에 설립한 Pensacola Bible Institute (PBI)에 기반을 두고 있습니다. 미국 Pensacola Bible Institute는 1965년 9월 개강한 이래로 지금까지 미국 내 정통 신학 교육의 요람으로서, 미국 내 유수한 근본주의 침례교 신학교들을 압도하고 성경대로 믿는 그리스도인들의 산실이 되고 있습니다. 자유주의와 현대주의를 배격하는 가운데 정통 교리의 수준 높은 신학 교육은 물론이요, 능력 있는 설교자 양성을 위한 강도 높은 훈련으로도 단연 으뜸입니다. 이처럼 본 신학교도 1991년에 세워진 이래로 이 땅에 바른 성경적 지식을 정착하고 신실한 하나님의 일꾼을 양성하는 데 총력을 기울여 오고 있습니다.

기존 신학교는 하나님의 말씀보다는 교단 신학과 학문으로서의 신학에 중점을 두어 가르치고 있습니다. 또한 편협한 교단 교리에 하나님의 말씀을 억지로 끼워 맞춰 가르치고 있기 때문에 이제는 하나님의 말씀에 근거한 신학을 제대로 가르치는 곳이 절대적으로 필요합니다. 이런 절실한 필요에 의해 본 신학교는 모든 교과 과정을 교단 신학이 아닌 하나님의 말씀으로 채움으로써 하나님의 말씀에 대한 올바른 지식을 터득할 수 있도록 구성하고 있습니다. 이렇게 구성된 모든 교과 과정은 성경 각 책에 대한 깊이 있는 수업과 설교의 실전 연습, 제반 목회 생활에 관한 실제적인 수업들로 이루어져 있으며, 무엇보다도 균형 있고 올바른 성경적 지식으로 무장할 수 있는 많은 수업들이 제공되고 있습니다.

킹제임스성경신학교는 설교자와 목회자, 성경 교사, 선교사를 양성하기 위한 곳으로, 3년의 모든 과정을 착실히 이수한 모든 학생들이 각자 하나님의 부르심에 따라 언제 어디서나 전담 사역자로서 사역할 수 있도록 양육받을 수 있는 국내 유일의 온·오프라인 정통 신학교입니다.

입학요강

	신학사(B.D.)	킹제임스성경신학원 신학석사(Th.M.)
수업연한	3년 (6학기)	2년 (4학기)
자격	• 거듭난 그리스도인으로서 하나님께 쓰임받기 원하는 사람 • 고등학교 졸업자 및 졸업 예정자 또는 동등 이상의 학력이 인정되는 자(연령 제한 없음)	• 본교를 졸업한 신학사 학위 소지자로서 진리의 지식으로 효과적인 사역을 이루려는 분
선발	서류전형(입학원서, 구원간증, 자기 소개서), 면접(서류 전형 합격자에게 개별 통보)	
학사일정	오프라인 봄 학기 매년 3월초 가을 학기 9월초 개강(총 16주) 월,화,목,금(오후 6:30 – 9:20) 온 라 인 수시접수 가능(한 학기 총 16주 / 100% 동영상 강의)	한 학기당 16주 과정 (화요일 오후 6:30 – 9:20)
원서교부	킹제임스성경신학교 교무처 / 인터넷 접수	

NOTES

NOTES

제3과
무지개와 함께 주신 약속

『내가 구름 속에 내 무지개를 두노니 그것이 나와 땅과의 언약의 표가 되리라. 내가 구름을 가져와 땅을 덮을 때, 무지개가 구름 속에 보이면 내가 나와 너희와 모든 육체를 가진 모든 생물 사이에 맺은 내 언약을 기억하리니, 다시는 물들이 모든 육체를 멸망시키는 홍수가 되지 않을 것이라』(창 9:13-15).

주 예수 그리스도의 예표, 노아

노아는 초림 때의 주 예수 그리스도처럼 의의 전파자였다(벧후 2:5). 심지어는 신실하게 사역했지만 많은 회심자를 얻지 못하고 다수에게 배척받았다는 점에서까지 비슷하다(벧전 3:20). 또한 노아는 재림 때의 주님처럼 "남은 자들"을 이끌고 심판 이후의 "안식"에(히 4:9, 노아라는 이름의 뜻이기도 하다) 들어갔으며, 아담에게 위임되었던 땅에 대한 통치권을 계승하여(창 9:1,2) 지구를 재건할 임무를 부여받은 "천국의 왕"이기도 했다. 이러한 노아의 인생을 보노라면 거의 모든 부분에 있어 다가올 일들을 그림으로 보고 있는 듯한 느낌을 받는다. 그 풍성한 예표들은 적용되는 지점도 다양하여 깊이 있게 공부해 볼 여지가 다분하다.

방주가 보여 주는 은혜로 받는 구원

『그러나 노아는 **주**의 눈에서 은혜를 찾았더라』(창 6:8).

방주를 통해 노아 가족이 구원받은 일은 예수 그리스도를 통해 교회 시대의 성도들이 구원받는 일과 일맥상통한다. 둘 모두 "은혜로", 즉 전적으로 하나님의 편에서 제공된 구원 계획을 받아들임으로써 이루어진 일이기 때문이다(엡

2:8,9). 노아는 방주의 재료, 규격, 디자인 등에 있어 그 어떤 것이라도 스스로 정하지 않았다(창 6:14-16). 우리 또한 스스로 구원받을 수 있는 방도를 마련한 것이 아니다. 오히려 그렇게 할 수 없었기 때문에 하나님께서 마련하신 구원 계획을 수용했던 것이다.

방주의 재료는 나무였는데, 우리는 이 지점에서 나무가 성경에서 사람을 빗대어 표현할 때 등장하곤 했다는 점을 떠올려 볼 만하다(판 9:7-20, 대하 25:18,19, 막 8:24). 즉 나무로 만든 방주는 먼 미래에 하나님께서 인류에게 심판을 피할 방도를 마련하시기 위해 "인성"을 가진 이(히 2:14,15)를 보내실 것을 예표하고 있는 것이다.

하나님께서는 노아에게 구원 계획을 마련해 주셨을 뿐 아니라, 그 계획으로 친히 초청까지 하셨다. 그분께서는 늘 전혀 아쉬울 게 없으시면서도 우리 사람들을 불러 좋은 것을 주려고 하신다(사 55:1). 노아가 방주를 완성했을 때, 하나님께서는 그에게 방주로 "들어오라"고 말씀하셨다. 이미 그분께서는 그 방주 안에 계셨던 것이다. 그리고 이런 까닭에 그 방주는 안전했다. 그 어떤 재해라고 해도 감히 하나님을 가라앉힐 수는 없기 때문이다(마 8:23-27). 주 예수 그리스도께서 우리를 구원하실 때 하신 일도 정확히 이와 같다. 우리를 그분께로 부르시고, 그분의 임재 안에서 영원한 안전을 보장해 주시기 때문이다.

노아가 구원받기 위해 한 일이라고는 그저 하나님께서 마련하신 구원 계획을 믿음으로 받아들인 것이었다. 물로 인한 홍수라는 개념은 노아에게 매우 생소한 것이었을 것이다. 홍수 이전까지는 하늘로부터 물이 떨어지는 일을 본 적조차 없었을 것이기 때문이다(창 2:5,6 참조). 그럼에도 불구하고 노아는 홍수에 대한 하나님의 경고를 믿고 방주를 건조함으로써 심판을 면할 수 있었다(히 11:7). 우리 또한 마찬가지다. 눈으로 보지는 못했으나, 우리 죄인들에게는 영원한 불못의 형벌이 기다리고 있다는 사실, 그리고 주 예수 그리스도께서 우리 죄들을 담당하시고 죽었다가 다시 살아나셨다는 사실을 믿음으로써 구원을 받았으니 말이다(벧전 1:8,9).

방주는 은혜로 구원을 받는다는 사실뿐 아니라, 영원히 보장된다는 사실도 잘 보여 준다. 노아는 분명 방주 안에서 무엇인가를 "했을" 것이다. 그러나 그것을 하지 않는다고 해서 방주 밖으로 쫓겨나는 것은 아니었다. 우리가 받은 구원도 그와 같다. 우리는 구원받은 성도로서 주님을 위해 무언가를 하지만, 그것으로 구원이 유지되는 것은 아니다(갈 3:1-3). 설령 아무것도 하지 않는다고 해도, 우리의 안전은 "방주"이신 주님 안에서 절대적으로 보장받는다.

노아 가족이 보여 주는 성도들의 영적 부활

『방주에서 물로 말미암아 구원을 받은 사람이 몇 명뿐이니 곧 여덟 혼들이라. 물은 예수 그리스도의 부활하심으로 인하여 이제 우리를 구원하는 모형이니, 곧 침례라. (이것은 육체의 더러움을 제거하는 것이 아니라 하나님을 향한 선한 양심의 응답이라.)』(벧전 3:20,21)

성경은 노아 가족이 물로 말미암아 구원을 받았다고 말씀하신다. 홍수의 "물로부터" 구원받은 게 아니라 말이다. 그렇다면 물을 통해 무엇으로부터 구원받은 것일까? 바로 세상에 만연했던 죄였다. 즉 물들이 온 세상을 덮어 준 덕분에 멸망하기에 합당했던 세상으로부터 분리됨으로써 구원을 받았던 것이다.

이런 까닭에 홍수의 물과 교회 시대에 구원받은 성도들이 첫째로 순종해야 할 의식인 물 침례는(행 10:47,48) 자연스럽게 연결된다. 물 침례는 우리가 주 예수 그리스도를 믿었을 때, 그분과 함께 죽고 장사되고 부활함으로써 죄들에는 죽고 의에는 살게 되었다는 사실을 모형으로 보여 주는 의식이기 때문이다. 즉 홍수를 통해 세상과 분리된 노아 가족은 성도의 영적 부활을 예표적으로 보여 준다고 할 수 있다.

유독 노아와 관련하여 "여덟"이 강조된다는 것을 보면 이러한 진리가 더더욱 분명해진다. 성경은 노아에게 "여덟 번째 사람"이라는 독특한 칭호를 부여한다(벧후 2:5). 일곱 번째, 여섯 번째 사람들에게는 그런 표현을 사용하지 않다가 하필 "여덟" 번째만 콕 집어 그렇게 부른다는 게 수상하기(?) 그지없지 않은가? 홍수로부터 살아남은 혼들의 수도 "여덟"이었다는 점은 그러한 의혹을 가중시키기 충분할 것이다.

성경에서 "8"은 "새로운 시작" 또는 "영원"을 뜻하는 수이다. 유대인들은 팔일 째에 할례를 받아야 했는데(창 21:4), 이 경우에 "8"은 "새로운 출생"을 예표한다(골 2:11). 아담에서 천년왕국까지의 인류 역사 7천 년이 끝난 뒤 8천 년째가 되면 영원 시대가 펼쳐진다. 이는 인류의 역사를 예표하는 7일 간의 재창조(벧후 3:8) 때에 마지막 일곱째 날에만큼은 "저녁과 아침이 되니 몇째 날이더라."라는 말씀이 없다는 사실과 잘 연결된다. 일곱째 날의 "안식"은 "끝나지 않는" 것이다.

그러니까 대홍수 사건과 관련하여 계속해서 등장했던 "여덟"은 장차 주님과 함께 죽었다가 다시 살아남으로써 탄생할 새로운 피조물들(고후 5:17)을 암시했던 것이다. 새로운 피조물로서 우리는 선한 일들을 위해 창조된 만큼 지난날의 생활을 벗어 버리고(벧전 4:3) "새 삶"을 살아야 하는 사람들이다. 뿐만 아니라 우리는 "영원한" 생명을 소유하기도 했다(롬 5:21). 이와 같은 진리들을 놓고 보면 대홍수는 "우연히" 여덟 번째 사람인 노아의 때에 있었던 것이 아니었음을 알 수 있다. "하나님께서 이루어 놓으신 일이 어떠하냐!"(민 23:23)는 탄식이 저절로 튀어나오지 않는가?

노아의 날들이 보여 주는 주의 날

『그러나 노아의 날들과 같이 인자의 오는 것도 그러하리라. 홍수 전의 날들에 그들이 먹고 마시며, 장가가고 시집가고 하기를, 노아가 방주로 들어가던 날까지 하다가 홍수가 나서 그들을 모두 다 쓸어 버릴 때까지 그들이 알지 못하였던 것같이, 인자의 오는 것도 그러하리라』(마 24:37-39).

노아는 에녹의 증손이었다. 에녹은 자기 아들의 이름을 므두셀라라고 지었는데, 그 뜻은 "그가 죽으면 그것(홍수)이 보내질 것이다."라는 것이었다. 즉 에녹은 하나님의 심판을 내다보면서 하나님과 동행하다가 죽음을 보지 않고 하늘로 옮겨졌고(창 5:24, 히 11:5), 그 이후에 노아의 날들이 도래했던 것이다. 이 일련의 역사적 사건들은 휴거 이후에 대환란이 있을 것이라는 사실, 즉 세대주의적 전천년주의 체계를 잘 보여 준다.

노아의 홍수 사건이 대환란을 예표하고 있다는 것은 주님께서 직접 말씀하신 사실이기도 했다. 에녹처럼 다가올 진노로부터 구원받은 사람들(살전 1:10), 즉 교회 시대의 성도들이 휴거되고 나면 7년간의 환란 시대가 펼쳐진다. 주님께서는 이때의 사람들이 홍수 전의 날들에 살던 사람들처럼 심판에 대한 경각심을 갖지 못한 채로 여느 때와 같은 일상을 영위하다가 갑작스럽게 멸망할 것이라고 예언하신 것이었다(살전 5:3).

대홍수가 국지적인 자연재해나 이상기후 따위가 아닌 "전 지구적인 심판"이었던 것처럼(창 7:17-24), 대환란 때의 심판 또한 그러할 것이다. 물론 대환란은 "야곱의" 고난의 때다(렘 30:7). 하나님께서 이스라엘을 회복시키시기 위해 그들을 징계하시는 기간인 것이다. 그러나 그때의 재앙들은 이스라엘 땅에만

국한되지 않고 전 지구적으로 일어난다(마 24:29, 계 3:10). 당초 대환란에 들어간 사람들은 모두 갈보리 십자가를 통해 나타난 사랑을 받아들이지 않아 구원받지 못한 자들이기 때문에, 그러한 처사는 전혀 불공정한 것이 아니다(살후 2:9-12 참조).

대홍수를 통과하여 살아남은 사람들이 겨우 몇 명뿐이었듯(벧전 3:20), 대환란 때에도 그러할 터다. 그때에는 이스라엘 가운데 소수의 남은 자들만이 구원을 받는다고 성경은 말씀하신다(욜 2:32, 롬 9:27). 적그리스도의 통치에 굴복해 버린 대다수의 사람들, 즉 "넓은 문"으로 들어가 버린 사람들은(마 7:13) 불길 가운데 영원한 멸망의 형벌을 받게 되는 것이다(살후 1:8,9). 구원받게 될 소수에 속한 유대인들은 하나님께서 마련하신 피난처인 셀라 페트라로 도망할 것인데, 방주는 우리에게 이를 모형적으로 보여 주고 있다.

이미 두 번이나 온 세상을 물로 쓸어버린 전력이 있으신 주님께서는(벧후 2:5; 3:6) 방주에서 나와 번제를 드린 노아에게 "물로는" 이제 같은 일을 반복하지 않으시겠다고 말씀하시면서 무지개를 그 언약의 표로 주셨다. 물론 하나님께서는 "불로" 다시 한번 그와 같은 일을 행하실 것이며 심지어 이번에는 우주적인 규모로 그런 일을 행하실 것이지만(벧후 3:12,13), 어쨌거나 심판은 이제 지나갔고 "새로운 세상"에서 번성해 나갈 일만 남아 있었던 것이다.

이러한 측면에서 우리는 무지개와 천년왕국을 수립하실 주님의 재림을 연관 지어 볼 만하다. 하늘로부터 내려오는 힘센 천사, 곧 주 예수 그리스도의 머리에는 무지개가 있었다(계 10:1). 보좌에 앉아 계신 하나님의 영광의 광채를 설명하는 데에도 무지개라는 단어가 쓰인 바 있는데(겔 1:28, 계 4:3), 특별히 에스겔에서는 그 모양이 "비 오는 날 구름 속에 있는 무지개"같다고 말씀하신다. 성경에서 "비"가 이스라엘의 회복과 연관이 있다는 점(욜 2:23, 호 6:3)을 기억하는 성도라면 여기에 담겨 있는 암시를 놓칠 리 없을 것이다. 무지개는 우리들로 하여금 주 예수 그리스도께서 비 온 뒤 떠오르는 태양처럼 오시는 그 영광의 아침(삼하 23:4)을 떠올리게 하는 것이다!

노아는 그 삶의 면면을 통해 주 예수 그리스도를 보여 주는 신실한 성도였다. 노아는 그 의에 있어 특별한 "모범생"으로서 다니엘, 욥과 함께 거명된 적도 있을 정도의 인물이었다(겔 14:14). 그럼에도 노아는 결국 "술 취함"으로 실패해 버리고 말았다. 모형은 어디까지나 모형일 뿐 완전한 원형은 아니기 때문에 그런 일도 일어났던 것이다. 그리고 그 사건을 끝으로 노아의 남은 여생 350년(창 9:28)은 날아가 버리고 말았다. 물론 노아는 그 세월 동안 무엇인가를 이루며 살았을 테지만, 성경은 그 일에 관심이 없는 듯하다. 우리는 여기에서 교훈을 얻을 수 있어야 한다. 주님께 쓰임받았던 그리스도인이라고 할지라도 간증을 잃어버리고 나면 살아 있지만 죽어 버린 인생(딤전 5:6)으로 전락할 수 있다는 진리를 가슴에 새겨야 하는 것이다.

▪ 새롭게 깨달았거나 적용할 내용이 있다면 적어 보세요. ▪

제3과
복습문제

1. 노아는 의를 전파하지 않고 은밀히 방주를 만들었다. (O , X)

2. 『그러나 노아는 **주**의 눈에서 (   )를 찾았더라』(창 6:8).

3. 하나님께서는 방주를 완성한 노아에게 방주 안으로 "들어가라"고 말씀하셨다. (O , X)

4. 벧전 3:20은 방주에서 물로 말미암아 구원받은 사람들이 있다고 말씀하시는데, 이는 노아 가족이 대홍수의 물로부터 구원받아 목숨을 부지했다는 것을 의미하는 말씀이다. (O , X)

5. 에녹이 하늘로 옮겨진 후에 노아의 홍수가 있었다는 사실은 세대주의적 전천년주의 체계를 예표적으로 보여 준다. (O , X)

6. 방주는 유대인 환란성도들이 적그리스도의 박해를 피해 대피할 셀라 페트라를 예표한다고 할 수 있다. (O , X)

■ 새롭게 깨달았거나 적용할 내용이 있다면 적어 보세요. ■

NOTES

제4과

아브라함의 십일조를 받은 멜키세덱

『이 멜키세덱은 살렘 왕이며 지극히 높으신 하나님의 제사장으로 여러 왕들을 무찌르고 돌아오는 아브라함을 만나서 그를 축복해 주었던 이라』(히 7:1).

멜기세덱의 정체에 관한 갑론을박

멜기세덱은 신비로운 인물이 아닐 수 없다. 그에 관한 성경의 역사적 서술이 단 세 구절에 그치고 있음에도 불구하고(창 14:18-20), 멜기세덱은 주 예수 그리스도를 가장 강력하게 예표하는 인물 가운데 하나로 꼽히기 때문이다. 제 주제도 모르고 성경을 억지로 풀다가 불나방처럼 자멸해버리는(벧후 3:16) 수많은 사람들에게 "멜기세덱의 정체"라는 주제가 황홀하기 그지없을 것이라는 데에는 설명이 더 필요 없을 터다. 어떤 이들은 그를 성육신하시기 이전의 예수님이라고 하기도 하고, 어떤 이들은 그를 에녹이라고 하기도 한다. 그러나 그러한 추론들은 멜기세덱에게는 아버지도, 어머니도, 계보도 없다는 말씀(히 7:3) 앞에 무참히 무너져 내린다.

럭크만 목사는 멜기세덱이 당시로서는 약 580세쯤 되었을 노아의 아들 셈일 가능성에 대해 언급하지만, 그러한 추측도 90%정도만 인정할 만하다고 선을 긋는다. 사정이 이렇다 보니, 우리가 멜기세덱의 정체에 관해 내놓을 수 있는 정직한 답은 "잘 모르겠다."는 것 외에는 없다. 어쩌면 우리 모두가 듣는 데 둔하여 계시가 닫혀있는 것인지도 모른다(히 5:11). 이러한 현실 앞에 조금은 실망스러울지 모르겠으나, 그의 정체에 관한 진리를 덮어놓아야 한다고 해서 다른 진리들에까지 까막눈이 되어야 하는 것은 아니기에 기운을 내봄직하다. 자, 이제 우리는 멜기세덱을 살펴봄으로써 그가 예표하고 있는 분에 대한 풍성한 지식을 얻어 볼 것이다.

주의 만찬을 예표한 멜키세덱

『살렘 왕 멜키세덱이 빵과 포도주를 가지고 나왔으니, 그는 지극히 높으신 하나님의 제사장이었더라』(창 14:18).

우리는 멜키세덱이 들고 나온 빵과 포도주를 통해 다시 한번 주 예수님께서 우리들의 영생을 위하여 그분의 살과 피를 내어주시려고 이 땅에 오실 분이시라는 사실을 되새겨볼 수 있다(요 6:53-58). 우리 모두가 잘 알고 있다시피 주님께서도 넘겨지시던 그 밤에 그분의 살과 피를 상징하는 빵과 포도주를 가지고 이러한 진리를 말씀하신 바 있다(고전 11:23-25).

혹 "빵과 포도주"라는 조합이란 예로부터 흔하디흔한 것인데(판 19:19, 삼상 16:20), 그것을 주의 만찬에까지 연결시키는 것은 조금 억지스럽지 않느냐는 생각이 스칠지 모르겠다. 그렇다면 멜키세덱에 관한 진리가 더 좋은 언약, 즉 "새 언약"(new testament)을 언급하는 맥락에서 제시되었음을 상기해보라(히 7:18-22). 이 새 언약은 주님께서 주의 만찬을 제정하실 때 말씀하셨던 "새 언약의 피"를 통해 효력을 획득한 바로 그 언약이다. 따라서 멜키세덱의 빵과 포도주가 주의 만찬을 예표하고 있다는 데에는 재론의 여지조차 없다고 하겠다.

여기에서 놀라운 부분은 이 땅에 그 "원형"이 나타나기 약 1,900년 전에 "하필이면" 모형인 멜키세덱이 빵과 포도주를 들고 아브람 앞에 나타났으며, 또 약 1,500년 전에 모세가 "하필이면" 그러한 내용을 창세기에 기록했다는 점이다. 구약 성경을 읽는 유대인들로서는 멜키세덱의 빵과 포도주를 새 언약의 피와 연관 지어 생각하는 게 불가능했을 텐데도 어쨌거나 그 내용은 유대인들의 구약 성경에 기록되어 읽히고 보존되었다.

이는 주 예수 그리스도께서 인류를 위해 자신을 내주실 것이 미리 정해져 있었던 데다, 그 일을 나중에 나타낼 계획을 갖고 계셨던 분께서 창세기 기록에 초자연적인 방법으로 개입하셔서 그 내용이 실리도록 하셨다는 것 외에는 설명할 길이 없는 일이다(엡 1:4-7, 벧전 1:20,21). 성경 외에 다른 어떤 책이 이런 일을 할 수 있겠는가? 『**나는 처음부터 그 일을 네게 선포하였으니 그 일이 일어나기 전에 내가 그것을 네게 보여 주었느니라. 그렇지 않았다면 네가 말하기를 "나의 우상이 그 일들을 행했으며, 나의 새긴 형상과 주조한 형상이 그들에게 명하였다." 하였으리라**』(사 48:5).

아브라함을 축복한 이방인 제사장 멜키세덱

『그들의 계보에 들지 않은 그는 아브라함에게서 십일조를 취하고 그 약속들을 받은 그를 축복하였느니라... 말하자면, 십일조를 받는 레위까지도 아브라함 안에서 십일조를 바친 것이라. 이는 멜키세덱이 아브라함을 만났을 때에 레위는 아직 조상의 허리에 있었기 때문이라』(히 7:6,9,10).

사실 멜키세덱이라는 제사장이 존재했다는 진리를 묵상해 본 유대인들은 충격을 받을 수밖에는 없다. 아론, 레위, 심지어는 그 어떤 유대인의 출생보다도 앞서 하나님의 제사장이 있었다는 사실을 받아들여야 하기 때문이다. 자명하게도 그 제사장은 유대인이 아닌 "이방인"이며, 유대인의 조상인 히브리인(창 14:13) 아브라함을 축복했다. 그리고 다 아는 바대로 축복이란 낮은 자가 더 나은 자로부터 받는다(히 7:7). 그러니까 하나님께서는 유대인들만의 하나님이 아니시라 이방인들의 하나님도 되시며(롬 3:29), 심지어 이방인들의 제사장이

레위 계열의 제사장보다 더 위대하다는 것이다!

멜키세덱이 이방인이라는 진리는 그가 사용했던 "지극히 높으신 하나님"이라는 표현에서도 잘 드러난다. 이는 이방인들이 유대인의 하나님을 이방 민족들의 모든 신 위에 있는 신으로서 높여드릴 때 사용했던 표현이기도 했기 때문이다(단 3:26; 4:17; 5:18; 7:25, 행 16:17). 또한 "십일조"를 받았다는 점 역시 그가 이방인이었음을 더더욱 상기시키는데, 10이라는 숫자는 이방인의 수이기 때문이다. 최초의 이방 왕국은 창세기 10:10에서 언급되고, 이방인 코넬료가 구원받는 것은 사도행전 10장이다. 대환란 때에는 다니엘 2:42에서 형상의 열 발가락으로 언급되는 10개의 이방 왕국들의 연합체가 등장할 것이다.

그렇다면 어째서 성경은 멜키세덱이 이방인이었음을 보여 주는 장치들을 이토록 많이 둔 것일까? 이는 멜키세덱의 계열을 따라 일어나실 주 예수 그리스도께서는 유대인들만의 대제사장이 아니시라는 사실을 보여 주기 위함이다. 그분 안에서는 유대인과 이방인을 나누던 벽이 허물어지며, 그 둘이 한 성령으로 아버지께로 나아갈 수 있게 된다(엡 2:11-18). 유대인이 아닌 우리 이방인들도 그분의 중보를 받을 수 있게 된 것이다(히 7:25). 만일 주님께서 레위 지파에서 나셨다면 이러한 진리가 희석될 여지가 있었을지 모르겠으나, 그분께서는 제사장직과는 관련이 없는 유다 지파를 통해 오심으로써 그분의 제사장직이 아예 아론의 아들들에게 주어진 제사장직과는 관련이 없음을 분명히 하셨다(히 7:14).

멜키세덱이 시작한 날과 생의 끝도 없이 항상 제사장으로 있는 것처럼, 우리의 대제사장이신 주 예수 그리스도께서도 불변의 제사장 직분을 가지셨다(히 7:24). 이러한 진리는 주 예수 그리스도 안에서 피난처(refuge)를 찾은(히 6:18) 우리들에게 큰 위로가 된다. 대제사장이 살아 있는 동안 도피성읍(city of refuge)으로 도피한 사람은 피의 보복으로부터의 보호를 담보받을 수 있었다(민 35:25). 그런데, 우리의 대제사장은 영원히 계신다. 따라서 그분으로 말미암아 우리들의 안전은 영원히 보장되는 것이다!

의의 왕이요 화평의 왕인 멜기세덱

『아브라함도 전체의 십분의 일을 그에게 드렸으니, 그의 이름을 해석하면, 첫째로 의의 왕이요, 그 다음은 살렘 왕, 곧 화평의 왕이라』(히 7:2).

멜기세덱은 히브리어로 "왕"을 뜻하는 "멜레크"와 "의"를 뜻하는 "체덱"이 합쳐져서 만들어진 이름으로, 해석하면 의의 왕이라는 뜻이 된다. 또한 그는 "평화로운"이라는 뜻을 가진 성읍인 살렘의 왕이기도 했으므로, 화평의 왕이기도 했다.

그런데 사실 "의"와 "화평"이라는 두 단어는 함께 존재하는 것이 퍽 부자연스럽다. 이 악한 현 세상에서(갈 1:4) 의를 추구할 때에는 화평이 깨지기 마련이기 때문이다(행 4:15-20, 벧전 3:14). 그러나 장차 의와 화평이 서로 입을 맞추는 그 날이 도래할 텐데(시 85:10), 한 왕이 오셔서 압도적인 무력으로 온 세상을 의로 심판하시고 나서 평화로운 왕국을 세우실 것이기 때문이다. 멜기세덱은 그 왕의 모형이었다.

주목해서 볼만한 점은 성경이 의와 화평의 순서를 강조하고 있다는 것이다. 멜기세덱의 원형이신 주 예수 그리스도께서 의와 화평을 추구하시는 방법 자체도 그러하거니와, 의가 있고 나서야 화평이 있을 수 있기 때문이다. 이 "의와 화평의 법칙"은 성경 전체에 면면히 흐르고 있는 진리이다(민 25:6-13, 왕하 9:22, 대하 14:2-6, 대하 23:21, 사 2:4). 에큐메니컬 운동가들, 즉 의가 없이도 화평을 이룩할 수 있다고 생각하는 사람들이 무엇이라고 떠들건 간에 말이다.

이러한 진리는 어째서 "평화의 도성" 예루살렘에 역설적이게도 수많은 전쟁들이 있어야만 했는지를 잘 설명해준다. 의 없이 화평을 얻으려다가는(왕하 18:14-16 참조) 화평은커녕 "더 많은 희생"만이 따를 뿐이다. 그러나 유대인들은 어리석게도 그런 일을 되풀이하고 말 것이다(사 28:15-18). 제2차 세계 대전이 끝나던 해에 세상에 나온 〈오 주 없인 살 수 없네〉라는 찬송가가 잘 노래하듯, "평화의 왕이 다시 올 때까지 죄와 전쟁은 끝이 없다."라는 사실을 우리는 명심해야 한다. 평화가 있을 것이라는 적들의 말을 믿고 순진하게 "무장해제"를 개시하는 멍청이가 되어서는 안 되는 것이다(단 8:25 참조).

미국의 대통령이었던 로널드 레이건은 〈선택의 시간〉이라는 이름으로 알려진 명연설을 남겼다. 그 내용을 일부 소개하자면 이렇다. "자, 한 가지 확실히 합시다. 평화냐 전쟁이냐를 가지고는 논의를 할 필요조차 없을 것입니다. 그러나 평화를 확실히 보장받을 수 있는 방법은 단 하나뿐입니다. 당장이라도 얻을 수 있지요. '항복'하면 됩니다. 명백히, 이것 외에 다른 길에는 위험이 따릅니다. 그러나 역사가 주는 교훈은 언제나 유화책에는 더 큰 위험이 도사리고 있다는 것이었습니다. 이것이 우리 '좋은 의도를 가진' 민주당 친구들이 덮어 두려고 하는 진실입니다. 그들의 조정안은 유화책이며, 이는 평화냐 전쟁이냐를 선택하는 문제가 아니라 싸울지 항복할지를 선택하는 문제를 낳습니다. 우리가 계속해서 화해하려 한다면, 계속해서 뒤로 물러서고 퇴각한다면, 결국 최후의 요구 사항, 최후통첩을 마주할 수밖에는 없습니다. 그때는 어떻게 되겠습니까?"

사도 바울에게는 주 예수님을 예표하는 인물인 멜키세덱에 관해 하고픈 말이 많이 있었다(히 5:11). 히브리서 수신자들의 무지로 인해 그 말을 다 할 수 없었지만 말이다. 신실한 성경 교사인 그로서는 답답하기 그지없었을 터다. 우리가 말씀, 특별히 구약 성경을 대하는 데에 소홀하다면, 주 예수님께서도 사도 바울과 같은 심정을 느끼실 것이다. 어쩌면 주님께서는 우리에게 모세와 모든 선지자들로부터 시작하여 자신에 관하여 모든 성경에 있는 것들을 말씀해주고 싶으신 마음이 굴뚝같으신데도(눅 24:27), 우리가 관심을 보이지도 않고 아직 감당할 수도 없어서(요 16:12) 수많은 순간들에 침묵을 지키시는지도 모른다.

구약의 선지자들은 자신들에게는 열리지 않아 깨달을 수 없었던 말씀조차도 열심히 조사하고 살펴보았다(벧전 1:11). 그에 반해 신약 성도들은 그들이 깨달을 수 없었던 말씀들을 명확하게 규명할 수 있는 시점에 살고 있음에도 불구하고 그 일을 게을리 하곤 한다. 그런 사람들에게 성경은 어디를 펼쳐도 예수 그리스도에 관해 말씀하는 책이(요 5:39) 아니라 지루하기 그지없게 자신과는 아무 관계도 없는 인물, 사건, 의식, 물건 등을 파편적으로 나열하는 책이 되고 만다. 이런 상태에 있다면 정신을 차리고 성경을 상고하는 데에 시간을 내야 한다. 적어도 주님을 안다고, 그분을 사랑한다면 말이다. 그런 사람이 주님을 답답하게 만들어서야 되겠는가?

■ 새롭게 깨달았거나 적용할 내용이 있다면 적어 보세요. ■

제4과
복습문제

1. 멜키세덱의 정체는 성육신하시기 이전의 예수님이다. (O , X)

2. 멜키세덱이 빵과 포도주를 통해 예표한 것은 주의 만찬이었다. (O , X)

3. 구약 성경에 따르면 모든 하나님의 제사장은 반드시 레위 계열의 유대인이어야 한다. (O , X)

4. 멜키세덱이 이방인이었다는 사실과 그가 아브람으로부터 십일조를 받았다는 사실 사이에는 어떠한 연관성도 찾을 수 없다. (O , X)

5. 『아브라함도 전체의 십분의 일을 그에게 드렸으니, 그의 이름을 해석하면, 첫째로 (   )의 왕이요, 그 다음은 살렘 왕, 곧 (   )의 왕이라』(히 7:2).

6. "평화의 도성"인 예루살렘조차 각자의 대의를 내세우는 사람들에 의해 수도 없이 전쟁의 소용돌이에 휩쓸렸던 것을 보면, 의와 화평이 공존하는 일이란 영영 불가능하다는 것을 알 수 있다. (O , X)

■ 새롭게 깨달았거나 적용할 내용이 있다면 적어 보세요. ■

NOTES

제5과

아버지께 순종하여 제물로 드려진 이삭

『아브라함이 눈을 들어 살펴보았더니, 보라, 뿔이 수풀에 걸린 숫양 한 마리가 그 뒤에 있는지라, 아브라함이 가서 숫양을 잡아와서 그의 아들 대신에 번제로 드렸더라』(창 22:13).

예수 그리스도의 모형 이삭

구약 성경에는 예수 그리스도의 모형이 되는 인물인 아담, 이삭, 요셉, 요나 등의 인물들이 등장하는데, 그 중에서 이삭은 "약속된 씨"로서의 예수 그리스도를 설명할 때 자주 언급된다. 이삭은 사라가 임신하기도 전에 하나님께서 직접 이름을 지어 주시며, "영원한 언약"을 약속받은 상속자가 되었으며(창 17:19), 창세기 21장에서 그 "약속된 씨"로서 출생하였다. 그 후 창세기 22장에서 아브라함은 이삭을 번제로 드리라는 하나님의 명령을 받게 되는데, 죽음에 순종한 이삭은 예수 그리스도의 죽음과 부활의 모형이 된다.

아브라함에게 주신 언약

1. 복에 관한 언약

『**주**께서 아브람에게 말씀하셨는데 "너는 네 고향과 네 친족과 네 아비의 집을 떠나 내가 네게 보여 줄 땅으로 가라. 내가 너로 큰 민족을 이루게 할 것이며 네게 복을 주고 네 이름을 위대하게 하리니, 너는 복이 되리라. 너를 축복하는 자들에게 내가 복을 주고 너를 저주하는 자를 저주하리라. 네 안에서 땅의 모든 족속들이 복을 받을 것이라." 하셨더라』(창 12:1-3).

1) 하나님께서는 아브라함에게 큰 민족을 이루게 하시겠다고 약속하셨는데, 솔로몬의 때에 성취되었다(왕상 4:20).

2) 하나님께서는 아브라함에게 복을 주시겠다고 약속하셨는데, 실제로 아브라함은 당대에 큰 복을 받았다(창 24:1,35).

3) 하나님께서는 아브라함의 이름을 위대하게 하시겠다고 약속하셨는데, 실제로 그렇게 되었다.

4) 하나님께서는 아브라함에게 "복이 되게" 하시겠다고 약속하셨고, 그를 축복하는 자들은 "복"을, 저주하는 자들은 "저주"를 받게 하시겠다고 말씀하셨다.

5) 하나님께서는 아브라함 안에서 땅의 모든 족속들이 복을 받게 하실 것이라고 약속하셨다.

2. 씨에 관한 언약

1) 하나님께서는 아브라함에게 "**땅의 티끌**"처럼 번성하게 하시겠다고 약속하셨다(창 13:16, cf. 이스마엘).

2) 하나님께서는 아브라함에게 "**하늘의 별들**"처럼 번성하게 하시겠다고 약속하셨다(창 15:5, cf. 교회).

3) 하나님께서는 아브라함에게 "**바닷가의 모래**"처럼 번성하게 하시겠다고 약속하셨다(창 22:17, cf. 이스라엘).

3. 땅에 관한 언약

『그 날에 **주**께서 아브람에게 언약을 세워 말씀하시기를 "내가 이 땅을 이집트 강에서부터 큰 강 유프라테스까지 네 씨에게 주었으니』(창 15:18).

아브라함의 씨에게 이집트 나일강에서부터 큰 강 유프라테스까지의 영토를 "영원히" 주시겠다고 약속하셨다(창 15:18-21).

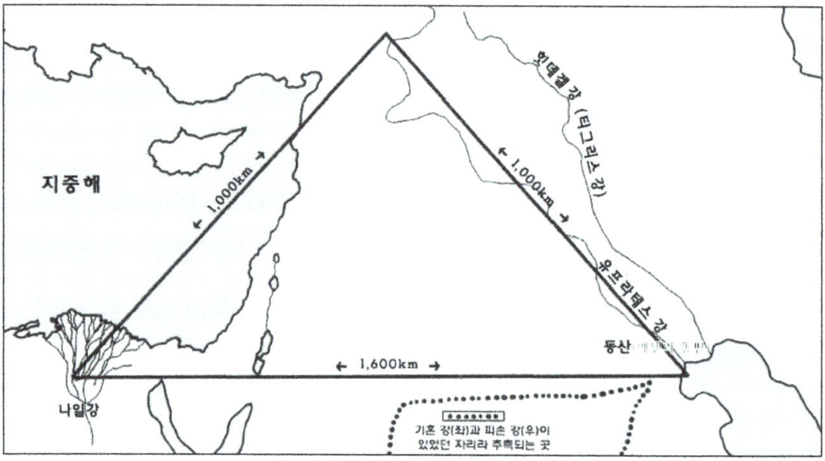

전능하신 하나님께서 아브라함에게 주신 언약은 "**<u>아브라함의 언약</u>**"으로 불리는데, 이 언약이 이삭, 야곱, 요셉을 비롯한 야곱의 열두 아들들 등 족장들을 중심으로 하는 아브라함의 후손들에게 그대로 이어진다. 그래서 우리는 이 시대를 가리켜 "**<u>족장 시대</u>**" 또는 "**<u>약속 시대</u>**"라고 부른다.

■ 새롭게 깨달았거나 적용할 내용이 있다면 적어 보세요. ■

씨에 관한 언약과 교회 시대의 구원에 관한 모형

『이런 일들 후에 **주**의 말씀이 환상 중에 아브람에게 임하여 말씀하시기를 "아브람아, 두려워 말라. 나는 너의 방패요, 너의 지극히 큰 상이니라." 하시니라. 아브람이 말씀드리기를 "나는 자식이 없사오며, 내 집의 청지기가 다마스커스의 엘리에셀이오니, 주 **하나님**이여, 나에게 무엇을 주시려나이까?" 하고, 아브람이 말씀드리기를 "보소서, 주께서 내게 씨를 주시지 않았으니, 보소서, 내 집에서 태어난 자가 내 상속자가 될 것이니이다." 하니, 보라, **주**의 말씀이 그에게 임하여 말씀하시기를 "이 사람은 너의 상속자가 되지 않을 것이니, 네 자신의 몸에서 나올 자가 네 상속자가 되리라." 하시고 그를 밖으로 데리고 나가 말씀하시기를 "이제 하늘을 쳐다보고 별들을 셀 수 있다면 그 별들을 세어 보아라." 또 그에게 말씀하시기를 "너의 씨가 이와 같으리라." 하시더라. 아브람이 **주**를 믿으니 주께서 그것을 그에게 의로 여기셨더라』(창 15:1-6).

"씨에 관한 언약"(창 12:7; 13:16)이 처음 주어진 이후로 10년이 넘는 세월이 지났음에도 불구하고(창 16:3) 그 약속이 여전히 이루어지지 않자 아브라함은 환상 중에 나타나신 하나님께 자기 집의 청지기인 엘리에셀을 언급하며 이렇게 질문을 드렸다. 『**나는 자식이 없사오며, 내 집의 청지기가 다마스커스의 엘리에셀이오니, 주 하나님이여, 나에게 무엇을 주시려나이까?**』(2절) 아브라함의 질문에 대해 하나님께서는 그의 몸에서 나올 상속자를 약속하시면서 『**하늘을 쳐다보고 별들을 셀 수 있다면 그 별들을 세어 보아라... 너의 씨가 이와 같으리라.**』(5절)라고 말씀하셨다.

하나님께서 "씨에 관한 언약"을 하시자, **아브라함은 주를 믿었고, 하나님께**

서는 그 믿음을 그에게 의로 여기셨다(6절). 이것은 "아브라함이 믿음을 통해 의를 얻는 사건"으로써 "행함이 없어도 그분을 믿는 사람들에게 그 믿음을 의로 여겨 주시는 구원"(롬 4:5), **곧 행함이 없이 오직 믿음으로 말미암는 은혜를 통해 주어지는 "교회 시대의 구원에 관한 위대한 모형"이다**.

〈율법 이전의 구원 vs. 교회 시대의 구원〉

구분	율법 이전 시대(아브라함)	교회 시대(그리스도인)
구원 방법	믿음과 행위 (구원을 잃어버릴 수 있음) 믿음을 통해 의로 여겨지고 (의의 전가, 창 15:6, 롬 4:3, 갈 3:6) 행위를 통해 의롭게 됨 (약 2:21-24)	오직 믿음으로만 (구원의 영원한 보장) 믿음을 통해 의로 여겨짐과 (의의 전가, 롬 4:5,22-24) 동시에 의롭게 됨 (롬 5:1,9, 갈 2:16, 딛 3:7)
믿는 내용	씨에 대한 약속	예수 그리스도의 죽음(피), 장사, 부활
내적 변화	거듭나지 않음	거듭남 (죽은 영이 살아남, 엡 2:1,5,6)
	영적 할례가 일어나지 않음	영적 할례가 일어남(골 2:11)
	그리스도의 몸이 되지 않음	그리스도의 몸이 됨 (고전 12:13,27)
죽음 이후	지하 낙원으로 내려감 (아브라함의 품)	셋째 하늘로 올라감

■ 새롭게 깨달았거나 적용할 내용이 있다면 적어 보세요. ■

약속된 씨, 이삭

『하나님께서 말씀하시기를 "네 아내 사라가 참으로 네게 한 아들을 낳을 것이라. 너는 그의 이름을 이삭이라 하라. 내가 그와 그의 뒤에 올 그의 씨에게 내 언약을 세우리니, 영원한 언약이 되리라. 이스마엘에 대해서도 내가 너를 들었나니, 보라, 내가 그에게 복을 주었으니, 내가 그를 다산케 하며 심히 번성케 하리라. 그가 열두 통치자를 낳으리니, 내가 그로 큰 민족을 이루게 하리라. 그러나 나는 나의 언약을 사라가 내년 이맘 때 네게 낳아 줄 이삭과 더불어 세우리라." 하시더라』(창 17:19-21).

하나님께서는 『**사라**』가 『**아들**』을 낳을 것이라 말씀하셨고, 그의 이름을 『**이삭**』이라고 하라고 명령하셨다. 그리고 『**그와 그의 뒤에 올 그의 씨**』, 즉 『**이삭**』과 그의 씨에게 『**영원한 언약**』을 세우겠다고 약속하셨다. 또한 『**내년 이맘 때**』 아들을 낳게 하시겠다는 분명한 시기도 말씀해 주셨다.

약속된 씨의 잉태와 탄생

『**주**께서 자신이 말씀하셨던 대로 사라를 찾아오셨으며 또 **주**께서 자신이 말씀하셨던 대로 사라에게 행하셨으므로, 사라가 임신하여 늙은 나이의 아브라함에게 아들을 낳으니, 이는 하나님께서 그에게 말씀하신 정하신 때라』(창 21:1,2).

"**사라를 통한 아브라함의 씨**"에 대한 약속을 이루시기 위해 하나님께서 이제 움직이신다. 『**주께서 자신이 말씀하셨던 대로... 행하셨으므로**』(1절). 하나님께서 자신이 말씀하셨던 대로, 정하신 때를 따라 사라를 찾아오셨고, 사라에게 행하셔서 사라에게 이삭을 주셨다(1,2절). 더욱 놀라운 것은 아무것도 기대할 것이 없었던 늙은 아브라함에게 그 아들을 주신 것이었다. **이것이 바로 불가능을 가능하게 하시는 "하나님의 위대하심"이며, 약속하신 일에 대한 "하나님의 신실하심"이다**.

『아이가 자라 젖을 떼니, 이삭이 젖을 떼던 날에 아브라함이 큰 잔치를 마련하였더라. 사라가 보니, 이집트인 하갈의 아들, 곧 그녀가 아브라함에게 낳아 준 아들이 조롱하고 있더라. 그러므로 그녀가 아브라함에게 말하기를 "이 여종과 그녀의 아들을 내어쫓으소서. 이는 이 여종의 아들은 내 아들 이삭과 함께 상속받지 못할 것임이니이다." 하니, 그의 아들로 인하여, 그 일이 아브라함의 눈에 큰 근심이 되었더라. 하나님께서 아브라함에게 말씀하시기를 "네 아이나 네 여종으로 인하여 네 눈에 근심하지 말고, 사라가 네게 말한 모든 것에 있어 그녀의 음성에 경청하라. 이는 이삭 안에서 난 자가 네 씨라 불릴 것임이라. 여종의 아들로도 내가 한 민족을 이루리니, 이는 그도 너의 씨임이라." 하시더라』(창 21:8-13).

이삭이 젖을 떼던 날에 아브라함은 큰 잔치를 마련했다. 아이가 젖을 뗀다는 것은 정상적인 성장이 되고 있다는 의미이므로 아브라함과 사라뿐만 아니라 아브라함 집안 사람들 모두에게 기쁨의 잔치였다. 그러나 하갈에게서 태어난 이스마엘의 조롱으로 인해 사라는 "그들을 내쫓으라"고 아브라함에게 요구한다. 이것은 누가 "아브라함의 씨"로서 진정한 상속자인가에 관한 아주 중요한 문제였다.

아브라함은 경청하지 말았어야 할 사라의 말에 경청함으로써 하나님과의 교제가 13년이나 끊어져 버린 적이 있었다(창 16:16 → 창 17:1). 그런데 하나님께서 사라의 음성에 경청하라고 명령하신 이유는 사라의 말이 하나님의 뜻(창 17:19)에 합당하기 때문이었다. 하나님께서는 『**네 아이나 네 여종으로 인하여 네 눈에 근심하지 말고, 사라가 네게 말한 모든 것에 있어 그녀의 음성에 경청하라. 이는 이삭 안에서 난 자가 네 씨라 불릴 것임이라.**』라고 하시면서 다시 한번 "씨에 관한 언약"을 분명히 말씀해 주신다.

하나님께서는 "여종의 아들" 이스마엘도 아브라함의 씨라고 말씀하시면서 그에게 한 민족을 이루어 주실 것을 약속하셨으며, 다른 구절에서는 큰 민족을 이루어 주시겠다고 약속하셨다(창 21:18). 그 약속에 따라 그는 파란 광야에 거했고, 활 쏘는 자로서 장차 한 민족(아랍 민족)을 이루게 된다(창 21:13). 그럼에도 불구하고 약속된 씨가 "이삭"인 이유는 "**네 안에서 땅의 모든 족속들이 복을 받을 것**"이라는 약속 때문이었다(창 12:3 cf. 창 41:56,57). 그뿐만 아니라 그 안에서 아브라함의 약속된 씨인 예수 그리스도(갈 3:16)와 아브라함의 영적 후손들을 통해 모든 족속이 복을 받을 것이기 때문이었다(롬 11:1-25). 따라서 약속된 씨는 이스마엘이 아닌 "이삭"이다(롬 9:7,8, 갈 4:23, 히 11:17-19).

▪ 새롭게 깨달았거나 적용할 내용이 있다면 적어 보세요. ▪

아브라함과 이삭의 순종

『이 일들 후에 하나님께서 아브라함을 시험하시며 그에게 말씀하시기를 "아브라함아" 하시니, 그가 말하기를 "보소서, 내가 여기 있나이다." 하더라. 하나님께서 말씀하시기를 "네 아들, 곧 네가 사랑하는 네 독자 이삭을 이제 데리고 모리아 땅으로 가서, 산들 중에서 내가 네게 알려 줄 한 산에서 그를 번제로 드리라." 하시더라』(창 22:1,2).

아브라함의 생애에는 중대한 선택의 기로가 네 번 있었다. 그때마다 아브라함은 하나님께 순종하기 위해 매우 소중한 것을 포기해야 했다. 먼저 칼데아 우르를 떠나며 고향과 친족을 내놓아야 했다. 다음으로 조카 롯과 결별해야 했다. 아브라함에게 롯은 약속의 땅에 함께 온 유일한 혈육이었다. 그리고 자신의 아들인 이스마엘을 내쫓아야 했다. 마지막으로 "약속된 씨" 독자 이삭을 바쳐야 했다.

아브라함은 하나님께서 "네 씨를 주리라."라고 말씀하셨을 때 그 말씀을 그대로 믿었다. 그런데 지금은 그 약속된 씨에 대한 믿음이 시험대에 올라와 있다. 시험은 "자기가 사랑하는 것"에 대해 시험을 받을 때 진정한 시험이 된다. 하나님께서는 가장 소중한 것도 주님을 위해 내려놓을 수 있느냐고 물으시는데, 결코 쉽지 않은 그 일에 아브라함은 믿음으로 반응했다.

하나님께서 아브라함에게서 보고자 하셨던 것은, 첫째, "독자 이삭을 아끼지 않고 드릴 믿음이 있는가?"이고, 둘째, "드린 이삭을 다시 돌려받을 수 있다는 믿음이 있는가?"였다. 하나님께서는 특히 이삭의 부활에 대한 믿음을 아브라함에게서 보기 원하셨다. 왜냐하면 이삭은 그를 통해 민족을 이루겠다고 하셨던 "약속된 씨"였기 때문이다(창 17:21). 그런데 이삭이 죽으면 하나님의 그 언약은 취소가 되는 것이 아닌가? 따라서 아브라함은 비록 이삭을 번제로 드린다 해도 이삭의 부활을 바라봐야 했던 것이다. 이것이 아브라함이 가진 "약속의 씨"에 대한 믿음이었는데, 하나님께서는 바로 그 믿음을 시험해 보려고 하셨던 것이다.

다음의 말은 이삭의 부활에 대한 아브라함의 믿음을 보여 준다. 『**아브라함이 그의 청년들에게 말하기를 "너희는 나귀와 함께 여기에서 머물라. 나와 아이는 저기로 가서 경배드리고, 다시 너희에게로 돌아오리라." 하고**』(창 22:5). 아브라함은 이삭을 죽이러 가면서 그 아들과 다시 돌아올 것이라는 말을 했다. 『**그는 하나님께서 죽은 자들로부터 그를 살리실 수 있으리라고 생각하였음이라. 이로써 그는 모형으로 그를 죽은 자 가운데서 다시 받은 것이니라**』(히 11:19). **아브라함은 번제에 쓸 나무를 이삭에게 지우고 가게 했는데(6절), 이것은 예수님께서 갈보리 십자가를 향해 자신의 십자가 형틀을 지고 가신 모습을 보여 준다**. 이삭은 아버지께 순종하여 십자가를 지신(빌 2:8) 예수 그리스도의 중요한 예표인 것이다. 이삭은 죽음에까지 순종한 아들이었다.

아브라함의 예언

『이삭이 그의 아비 아브라함에게 고하여 말하기를 "나의 아버지여." 하니, 그가 말하기를 "내 아들아, 내가 여기 있노라." 하니, 그가 말하기를 "불과 나무를 보소서. 그런데 번제에 쓸 어린양은 어디 있나이까?" 하자, 아브라함이 말하기를 "내 아들아, 하나님께서 자신을 번제에 쓸 어린양으로 마련하실 것이라." 하고, 두 사람이 함께 가더라』(7,8절).

이삭은 『**그런데 번제에 쓸 어린양은 어디 있나이까?**』라고 묻는다. 아브라함의 답변은 그가 하나님의 거룩한 사람으로서 성령의 감동을 받아(벧후 1:21) 예언했음을 보여 준다. **아브라함은 선지자였기에 『하나님께서 자신을 번제에 쓸 어린양으로 마련하실 것이라.』라는 말의 진정한 의미를 깨닫지 못한 채 말할 수 있었다**(cf. 벧전 1:10,11). 하나님께서 자신을 번제에 쓸 어린양으로 마련하신 때는 『**하나님의 어린양**』(요 1:29,36)께서 십자가의 제물로서 나타나신 초림 때였다(딤전 3:16). **그런데 하나님께서는 어린양 대신에 "숫양"을 마련해 주셨다**(13절). 숫양도 번제를 드리기에 합당한 제물이므로 아무런 문제는 없었지만, **아브라함이 말한 『번제에 쓸 어린양』은 아니었으므로 아브라함의 예언이 당시에 완벽하게 성취된 것은 아니었다. 『하나님께서 자신을 번제에 쓸 어린양으로 마련하실 것이라.』라는 예언의 완벽한 성취는 초림 때 갈보리 십자가에서 이루어졌다**.

아브라함의 믿음이 인정됨

『그가 말하기를 "네 손을 아이에게 대지 말고 아무 일도 그에게 하지 말라. 네가 네 아들, 네 독자라도 내게 아끼지 아니하였으니, 나는 이제 네가 하나님을 두려워하는 줄을 아노라." 하더라』(12절).

이삭은 실제로 죽은 것은 아니지만 "예표"적으로는 죽었다가 다시 살아난 것이다. 이삭의 죽음은 우리에게 예수님의 십자가 사건에 대한 위대한 예표를 보여 준다. 즉 예수님의 죽음의 "**모형**"이 된 것이다. **왜냐하면 아브라함 편에서는 아들을 죽인 것이나 다름없는 사건으로서 자기 아들을 내어 주신 하나님 아버**

지의 모습을 잘 예표해 주기 때문이다. 이삭은 독자였기에 독생자이신 예수 그리스도를 예표한다. 성경에서 "독생자"(only begotten son, 요 3:16)란 표현이 나오는데, 예수 그리스도 이외에 유일하게 이 표현이 사용된 인물은 "이삭"이었다. 『믿음으로 아브라함은 시험을 받을 때 이삭을 제물로 드렸으니, 그 약속들을 받은 자가 그의 독생자를 드린 것이라』(히 11:17). 이삭은 죽었다가 다시 살아나신 독생자 예수 그리스도의 강력한 예표와 모형이 된다. 『그는 하나님께서 죽은 자들로부터 그를 살리실 수 있으리라고 생각하였음이라. 이로써 그는 모형으로 그를 죽은 자 가운데서 다시 받은 것이니라』(히 11:19).

아브라함은 이삭이라는 "모형"을 통해 예수 그리스도의 죽음과 부활을 본 것이다. 즉 아브라함은 간접적으로 예수 그리스도의 날을 본 셈이 된다. 요한복음 8:56에서 예수님께서 하신 말씀이 바로 그런 뜻이었다. 『너희 조상 아브라함은 나의 날 보기를 기뻐하다가 그후 그것을 보고 즐거워하였느니라』(요 8:56). 이것은 아브라함이 예수 그리스도를 믿고 구원받았다는 말이 아니라, "예수 그리스도께서 보실 때" 이삭의 죽음과 부활이 예수님 자신의 죽음과 부활을 예표한다는 뜻이었다. 그래서 예표로 제시된 이삭의 죽음과 부활을 『나의 날』이라고 하셨던 것이다.

아브라함은 자기 뒤에 수풀에 걸려 있는 숫양 한 마리를 잡아다가 이삭 대신 번제로 드렸다(13절). 그는 그곳의 이름을 "여호와 이레"라고 불렀는데(14절), 이는 "여호와께서 마련하신다."라는 뜻이다. 하나님께서는 우리의 구원을 위한 십자가의 제물을 친히 마련하셨을 뿐만 아니라, 우리에게 필요한 모든 것을 마련하신다. 따라서 우리에게 필요한 것은 주님을 신뢰하는 것뿐이다. 『그러므로 우리가 은혜의 보좌로 담대히 나아가자. 이는 우리가 자비를 얻고 필요한 때에 도우시는 은혜를 발견하기 위함이라』(히 4:16). 『그러나 나의 하나님께서 그리스도 예수를 통하여 영광 가운데서 그의 풍요함을 따라 너희의 모든 필요를 채워 주실 것이라』(빌 4:19).

아브라함의 언약이 확정됨

『**주**의 천사가 하늘로부터 두 번째로 아브라함을 불러, 말하기를 "**주**가 말하노라. 내가 스스로 맹세하노라. 이는 네가 이같이 행하여 네 아들, 곧 네 독자를 아끼지 아니하였음이니... 네 씨 안에서 땅의 모든 민족들이 복을 받으리니, 이는 네가 나의 음성에 복종하였음이라." 하더라』(창 22:15,16,18).

아브라함의 복종은 창세기 13:16; 15:5; 17:2의 언약을 확정 짓는 결과를 낳았다. 이것은 주 하나님의 음성에 복종하는 것이 얼마나 복된 일인가를 잘 보여준다(삼상 15:22,23). **아브라함은 창세기 15장에서 보인 믿음을 통해 "의롭게 여겨졌고," 22장의 행위를 통해 "의롭게 된" 것이다**. 그는 창세기 15장에서 그 믿음이 의롭게 여겨졌다가 뒤에 시험을 거쳐서 그것이 확실하다고 확정되는 것이 필요했다. 그것이 창세기 22장에서 이삭을 바치는 행위로써 입증되었고, 결국 의롭게 되었다고 야고보서 2:21에서 말씀하는 것이다.

리브카의 등장

이삭의 아내인 리브카가 등장하는 시점이 매우 흥미롭다. 리브카가 처음으로 언급되는 구절은 창세기 22:23에서인데, 바로 그 창세기 22장은 예수 그리스도를 예표하는 이삭이 제물로 바쳐지는 장이다. 이삭의 죽음과 부활은 예수님께서 죽었다가 부활하신 것을 예표한다. 바로 이 사건이 등장하고 나서 리브카가 등장하는 것이다. 즉 "교회"(리브카)는 "예수님"(이삭)의 죽으심과 부활을 통해 태어나는 것이다.

약속의 씨 이삭에 관한 모형과 원형

- **아브라함** - 아들 하나님을 사랑하는 "아버지 하나님"의 모형이다(요 17:24).
- **이삭** - 아들 하나님이신 "예수 그리스도"의 모형이다.

1. 이삭과 예수님은 모두 약속의 씨였다(창 15:4 vs. 사 7:14).
2. 두 사람 모두 탄생이 미리 알려졌다(창 18:10 vs. 눅 1:30,31).
3. 태어나기 전에 이름이 지어졌다(이삭 - 창 17:19, 예수 - 눅 1:31).
4. 두 사람의 탄생은 초자연적인 출생이었다. 사라는 이삭을 낳지 못할 여인이었고(창 11:30) 마리아는 처녀였다(마 1:18-20).
5. 두 사람 모두 "독자"로 불렸다(창 22:2, 히 11:17, 요 3:16). - "독생자"
6. 두 사람 모두 자신의 친족에게 조롱과 박해를 받았다(창 21:9,10, 갈 4:28,29 - 이스마엘에게서 / 마 27:29).
7. 이삭과 그리스도는 둘 다 제물로 드려졌다(창 22:2, 히 9:26).
8. 이삭이 자신을 불태울 나무를 직접 지고 갔듯이(창 22:6), 예수님께서도 자신의 나무 십자가를 지셨다(요 19:17).
9. 이삭이 저항하지 않고 제단에 올라갔던 것처럼(창 22:9) 예수님께서도 친히 자신의 목숨을 내어놓으셨다(요 10:17).
10. 두 사람 모두 아버지께 버림받았다(창 22:12, 마 27:46).
11. 두 사람 모두 죽음에서 부활했다(히 11:17-19, 마 28:6).

■ 새롭게 깨달았거나 적용할 내용이 있다면 적어 보세요. ■

제5과
복습문제

1. 『아브람이 **주**를 믿으니 주께서 그것을 그에게 ( )로 여기셨더라』(창 15:6).

2. 『하나님께서 말씀하시기를 "네 아내 사라가 참으로 네게 한 아들을 낳을 것이라. 너는 그의 이름을 이삭이라 하라. 내가 그와 그의 뒤에 올 그의 씨에게 내 언약을 세우리니, ( )이 되리라』(창 17:19).

3. 『아브라함이 말하기를 "내 아들아, 하나님께서 ( )을 번제에 쓸 어린양으로 마련하실 것이라." 하고, 두 사람이 함께 가더라』(창 22:8).

4. 『그가 말하기를 "네 손을 아이에게 대지 말고 아무 일도 그에게 하지 말라. 네가 네 아들, 네 독자라도 내게 아끼지 아니하였으니, 나는 이제 네가 하나님을 ( )하는 줄을 아노라." 하더라』(창 22:12).

5. 『네 씨 안에서 땅의 모든 민족들이 복을 받으리니, 이는 네가 나의 음성에 ( )하였음이라." 하더라』(창 22:18).

■ 새롭게 깨달았거나 적용할 내용이 있다면 적어 보세요. ■

NOTES

NOTES

복습 문제 정답

제1과

1. 모형
2. 창세기
3. 예수 그리스도
4. 예수 그리스도
5. 다섯 번째
6. 모형

제2과

1. 양의 가죽 옷
2. 행위, 은혜
3. 생명
4. 은혜
5. 카인의 종교

제3과

1. X
2. 은혜
3. X
4. X
5. O
6. O

제4과

1. X
2. O
3. X
4. X
5. 의, 화평
6. X

제5과

1. 의
2. 영원한 언약
3. 자신
4. 두려워
5. 복종

< 추 천 도 서 >

창세기 I

피터 S. 럭크만 지음 / 582쪽

25,000원(eBook 17,900원)

신구약에 나오는 모든 주요 교리는 창세기의 처음 12장에서 전부 발견 된다. 본서는 하늘들과 땅, 인간, 죄, 구속, 인종, 언약들의 기원 및 예수 그리스도와 적그리스도의 예표 등을 보여 준다.

창세기에 나타난 그리스도의 초상화들

M. R. 디한 지음 / 264쪽

7,000원(eBook 4,900원)

이 책은 창세기에 그리스도의 모습이 얼마나 다양하게 나타나 있는가를 잘 보여 준다. 우리는 그 모습을 보면서 주님을 더 사랑할 수 있을 것이다.

성경지도

편집부 지음 / 112쪽 / 15,000원

이 책 한 권으로 성경의 지리들을 이해함과 동시에, 구약과 신약에 있어 개론적으로 알아야 할 모든 것들을 이해할 수 있게 된다.

믿음의 좁은길

조지 문델 지음 / 152쪽

4,000원(eBook 2,900원)

이 책은 아브라함의 생애를 조명하는 가운데 우리가 그리스도인으로서 승리의 삶을 살 수 있는 방법을 제시하고 있다.

솔로몬 성경공부 시리즈
창세기에 나타난 모형들과 원형들 I

초판인쇄 2024년 9월 26일
초판발행 2024년 9월 27일
지 은 이 / 편 집 부
발 행 인 / 박 승 용
발 행 처 / 말씀보존학회
출판등록 / 제409-2022-000036호
주 소 / 서울 강서우체국 사서함 제90호
전 화 / (02) 2665 - 3743
팩 스 / (02) 2665 - 3302
인 터 넷 / www.biblemaster.co.kr

잘못된 책은 바꿔 드립니다.
값 10,000 원